Übungsbuch zur Finanzbuchhaltung

nach dem GKR und IKR

Technik des betrieblichen Rechnungswesens

Von

Prof. Dr. Helgo Grimm-Curtius

4., vollständig überarbeitete Auflage

R. Oldenbourg Verlag München Wien

Die Deutsche Bibliothek – CIP-Einheitsaufnahme

Finanzbuchhaltung nach dem GKR und IKR [Medienkombination]
: Lehrbuch mit Buchhaltungssoftware / von Helgo Grimm-Curtius
und Martin Duchscherer. – München ; Wien : Oldenbourg
Teilw. verf. von Helgo Grimm-Curtius. – Früher im Hochschul-Texte-
Verl. Grimm-Curtius, Stadtbergen

Übungsbuch. – 4., vollst. überarb. Aufl. - 2000
ISBN 3-486-25245-3

Rosenheimer Straße 145, D-81671 München
Telefon: (089) 45051-0, Internet: http://www.oldenbourg.de

Gedruckt auf säure- und chlorfreiem Papier
Gesamtherstellung: WB-Druck, Rieden

ISBN 3-486-25245-3

Vorwort zur 4. Auflage

In der Mitte des Jahres 1999 war eine vollständige Überarbeitung des Lehrbuches sowie des Übungsbuches notwendig, um die nachstehenden gravierenden Änderungen der Rechtslage in Handels- und Steuerrecht seit den Jahren 1998 / 1999 zu berücksichtigen.

- **Euro-Einführung** ab 1.1.1999
  Die Euro-Einführung ist für die Buchführung und Bilanzierung der Unternehmen von höchster Bedeutung, da spätestens bis zum Beginn 2002 die Umstellung auf den Euro erfolgt sein muß. Einzelvorschriften für Währungsumrechnung und Rundung enthalten die beiden Euro-Verordnungen, Bilanzierungsinstrumente zur Euro-Umstellung sind im Einführungsgesetz zum HGB enthalten (Euro-Rücklage zur Währungsumrechnung, Umstellungskosten-Bilanzierungshilfe usw.).

- **Weitere Handelsrechtliche Änderungen (1998 / 1999)**
  - **Stückaktiengesetz** (Einführung der "nennwertlosen Aktien" im Aktiengesetz u. HGB)
  - **Handelsrechts-Reform-Gesetz (**Neuregelungen des Kaufmanns- und Firmenrechts)
  - **Kapitalaufnahme-Erleichterungsgesetz** (Konzernbilanzen nach internationalen Rechnungslegungs-Standards)

- **Gesetz zur Kontrolle und Transparenz im Unternehmensbereich (KonTraG)** (1998)
  - Erweiterte Überwachungspflichten für Vorstände, Aufsichtsräte und Prüfer von Aktiengesellschaften, insbes. Einrichtung eines "Risikomanagement-Systems"
  - Erweiterte Rechnungslegungspflichten im Rahmen des Jahresabschlusses: insbes. Bilanzierung eigener Aktien, obligatorische Kapitalflußrechnung sowie Segmentberichterstattung nach internationalen Standards

- **Steuer-Entlastungsgesetz 1999 / 2000 / 2002** mit wichtigen Änderungen für gewerbliche Unternehmer sowie Selbständig Tätige, insbesondere: :
  - **Einkommensteuer:** : Senkung des Spitzen-Steuersatzes für gewerbliche Einkünfte auf 45 % (1999) bzw. 40 % (danach), jedoch: Einschränkungen bei "Mehrkonten-Modellen", ergänztes Verbot von Rückstellungen für drohende Verluste aus schwebenden Geschäften, Einschränkungen des Verlustrücktrages, Einschränkungen bei der Übertragung von stillen Reserven auf Ersatzbeschaffungen, strengere Bewertungsvorschriften
  - **Abgabenordnung:** Aufbewahrungsfrist auch für Buchungsbelege 10 Jahre
  - **Körperschaftsteuer:** Senkung der Körperschaftsteuer-Sätze (z.B. bei thesaurierten Gewinnen auf 40 % des zu versteuernden Einkommens)
  - **Umsatzsteuer:** Umstellung im Bereich der steuerbaren Umsätze: früherer "Eigenverbrauch" und Steuerpflicht hierauf aufgehoben, dafür Einführung von Lieferungen und Sonstigen Leistungen mit fiktivem Entgelt (z.B. Gegenstandsentnahmen für private Zwecke) sowie vollständiges Vorsteuerabzugs-Verbot bei "Repräsentationsaufwendungen" und Reisekosten, hälftiges Vorsteuerabzugs-Verbot bei gemischtgenutzten Betriebs-PKW
  - **Geringfügig Beschäftigte (630 DM-Jobs):** Grundsätzlich Sozialversicherungsbeiträge durch den Arbeitgeber, grundsätzlich keine Lohnsteuerpflicht (wenn Arbeitnehmer keine weiteren Einkünfte hat)

Die neue Rechtslage hat der Verfasser durch die nachstehenden Änderungen und Erweiterungen des Übungsbuches berücksichtigt:

- Sämtliche Buchungsbeispiele und Erläuterungen wurden der **neuen Rechtslage** angepaßt, insbesondere bei Buchungen zum "Eigenverbrauch" und zur Privatabgrenzung sowie zu Geringfügig Beschäftigten. Durch die absehbaren "Nachbesserungen" der Gesetze sowie die geplante Unternehmenssteuerreform werden sich jedoch weitere Änderungen ergeben
- Die **Euro-Umstellung** ist durch zwei Umrechnungsaufgaben sowie eine Verbalfrage berücksichtigt. Grundsätzlich wurden alle Beträge auf den Euro umgestellt, wie dies bei vielen führenden Unternehmen in Deutschland seit dem 1.1.1999 schon erfolgt ist, insbesondere im Wertpapierbereich
- Der zunehmende Einfluß der **internationalen Rechnungslegung** wird durch neue Aufgaben berücksichtigt, siehe hierzu mehrere Verbalfragen sowie Rechenaufgaben hinsichtlich Konzernbilanzen / Konsolidierter Jahresabschluß und Cash Flow / Kapitalflußrechnung
- Der **Übungskontenplan** (basierend auf dem Ausbildungskontenrahmen gemäß IKR) wurde um aktuelle Konten erweitert, inbes. im Zusammenhang mit der Euro-Umstellung. Die Kontennummern werden generell 4-stellig dargestellt, wie bei EDV-Kontenrahmen üblich. Bei Einsatz des PC-Programms "FIBU für windows" (Lehrbuch) ist der vierstelligen Konto-Nr. eine "0" voranzustellen (Sachkonten).

Aus dem Vorwort zur 1. Auflage

Zur optimalen Klausurvorbereitung sind die Aufgaben nach **Aufgabentypen** geordnet und zu allen Aufgaben sind ausführliche Musterlösungen angegeben.

- Testfragen (Verbalfragen im Multiple Choice-Verfahren) mit begründeten Lösungen
- Buchungssätze und Bewertungsaufgaben (Rechenaufgaben für Bilanzpositionen)
- Geschlossene Buchungsgänge auf T-Konten (Eröffnung - laufende Buchungen - Abschluß)
- Testklausur mit typischen Klausuraufgaben an Universität und Fachhochschule Augsburg

Bei allen Buchungsaufgaben sind die nachstehenden rechentechnischen Vereinfachungen verwendet worden:

- Wie üblich, wird hier weiterhin mit einem Umsatzsteuer-Satz von 10 % gerechnet
- Bei einigen einführenden Aufgaben wird ohne Umsatzsteuer gebucht, dies ist jeweils angegeben.
- Die Beträge lauten meist auf volle Euro, bei Abschlußübersichten auf Tausend Euro (TEUR)
- Es werden die üblichen Abkürzungen (vor allem bei Gesetzestexten) verwendet, siehe hierzu das Abkürzungsverzeichnis im Lehrbuch
- Bei manchen Aufgaben wird auf Ausgangsdaten im Lehrbuch verwiesen

Der Verfasser

PS: Als Währungsbezeichnung für den Euro wird meist das ISO-Kürzel "EUR" verwendet.

1 TESTFRAGEN (MEHRFACHWAHL)

1.1 Aufgaben-Nr. 1 - 30

A u f g a b e 1

Im Zusammenhang mit dem PC-Programm "FIBU für windows" (Shareware-Version) gilt:

A) Jeder Mandant kann gleichzeitig mit mehreren Kontenrahmen arbeiten (Mitgeliefert wird SKR03 und IKR)

B) Das Programm enthält standardmäßig eine Export-Schnittstelle in Form einer Textdatei (.txt-Datei)

C) Die Kontensalden am Jahresende werden automatisch in das nächste Buchungsjahr übertragen

D) Das Buchungsdatum (vorgegeben ist das Datum des PC-Systems) kann aus Sicherheitsgründen nicht überschrieben werden

E) Bei der Einnahme-/Überschußrechnung werden die Geschäftsvorfälle grundsätzlich ohne Mehrwertsteuer verbucht

F) Der Umsatzsteueranteil eines Einkaufs bzw. Verkaufs kann nach Eingabe des Bruttobetrages automatisch errechnet und verbucht werden

A u f g a b e 2

Im Zusammenhang mit dem Bilanzbegriff gilt:

A) Eine Schlußbilanz stellt die Entwicklung der Aktivposten und Passivposten im abgelaufenen Geschäftsjahr gegenüber

B) Im Falle einer Überschuldung ergibt sich eine Unterbilanz

C) Eine "Unterbilanz" entsteht, wenn das Fremdkapital größer ist als das Eigenkapital

D) Eine Unterbilanz entsteht, wenn die Bilanzsumme auf der Aktivseite kleiner ist als auf der Passivseite

E) Eine Unterbilanz entsteht, wenn beim Vorratsvermögen der Inventurbestand kleiner ist als der buchhalterische Bestand

F) Die Bilanz zeigt die wertmäßigen Bestände der Aktivseite und Passivseite am Bilanzstichtag an

A u f g a b e 3

Im Zusammenhang mit der Zuordnung von Geschäftsfällen und Wertgrößen gilt:

A) Bartilgung eines Bankkredits: Auszahlung, keine Ausgabe

B) Zieleinkauf von Rohstoffen: Aufwand, Kosten

C) Bildung von Pensionsrückstellungen: Ausgaben, kein Aufwand

D) Zielverkauf einer Maschine zum Buchwert: Ertrag, Einnahmen

E) Abschreibungen auf Wertpapierbestand wegen Kursverfall: Ausgaben, keine Auszahlung

F) Privatentnahme von Bargeld: kein Aufwand, keine Kosten

A u f g a b e 4

Im Zusammenhang mit der Erfolgsspaltung nach dem BiRiLiG gilt:

A) Beim "Ergebnis der gewöhnlichen Geschäftstätigkeit" muß die Bildung der gesetzl. Rücklage f. eine AG berücksichtigt werden

B) Zinsen und ähnliche Aufwendungen gegenüber verbundenen Unternehmen stellen "Außerordentliche Aufwendungen" dar

C) Die Einkommensteuer der Gesellschafter für ausgezahlte Dividenden wird als "Steuern vom Einkommen und vom Ertrag" verbucht

D) Beim "Ergebnis der gewöhnlichen Geschäftstätigkeit" sind Aufwendungen und Erträge a. d. Finanzbereich einzubeziehen

E) Beim "Ergebnis der gewöhnlichen Geschäftstätigkeit" sind die ergebnisabhängigen Steuern noch nicht abgezogen

F) Veräußerungsverluste beim Betriebsvermögen stellen "außerordentliche Aufwendungen" dar

A u f g a b e 5

Im Zusammenhang mit dem Umsatzkostenverfahren nach dem BiRiLiG gilt:

A) Bei der kurzfristigen Erfolgsrechnung (z.B. monatsweise) erfordert das Umsatzkostenverfahren eine Inventur

B) Das Umsatzkostenverfahren ist nur für kleine oder mittelgroße Kapitalgesellschaften zulässig

C) Die Position "Sonst. betriebl. Erträge" des Umsatzkostenverfahrens muß mit der gleichn. Position des Gesamtkostenverf. übereinstimmen

D) Beim Umsatzkostenverfahren werden Aufwendungen und Erträge des Finanzbereichs in die Erfolgsrechnung aufgenommen

E) Beim Umsatzkostenverfahren werden Aufwendungen und Erträge des Beteiligungsbereiches nicht in die Erfolgsrechnung aufgenommen

F) Beim Umsatzkostenverfahren werden Bestandserhöhungen der Erzeugnisse nicht als betriebliche Erträge verbucht

A u f g a b e 6

Im Zusammenhang mit der Abgrenzung von Betriebsvermögen und Privatvermögen gilt:

A) Notwendiges Betriebsvermögen umfaßt auch Privatgegenstände, die mittelbar betriebl. Zwecken dienen (Repräsentation)

B) Bei notwendigem Betriebsvermögen gehören auch die entsprechenden Anschaffungskredite zum Betriebsvermögen

C) Notwendiges Privatvermögen kann nur unter bestimmten Bedingungen in Bilanz und Buchführung aufgenommen werden

D) Gemischt-genutztes Betriebsvermögen kann nicht notwendiges Betriebsvermögen sein

E) Gemischt-genutztes Betriebsvermögen darf nicht in die Bilanz und Buchführung aufgenommen werden

F) Gemischt-genutzte Immobilien (z.B. Gebäude) können auf Betriebsvermögen und Privatvermögen aufgeteilt werden

Aufgabe 7

Im Zusammenhang mit der Euro-Umstellung im Rechnungswesen gilt:

A) Alle Unternehmen der Teilnehmerländer müssen zum 01.01.2002 eine Euro-Eröffnungsbilanz aufstellen

B) Die Umrechnung von Teilnehmerwährungen in andere Teilnehmerwährungen darf nur mittelbar über den Euro erfolgen (Verbot von Cross-Rates)

C) Für Währungsverluste bei der Umrechnung von Forderungen bzw. Verbindlichkeiten in andere Teilnehmerwährungen kann eine Eurorücklage gebildet werden

D) Die offiziellen Euro-Rates (6 Stellen) dürfen bei der Umrechnung von Bargeschäften auf 2 Stellen nach dem Komma gerundet werden

E) Rundungsbedingte Unterschiedsbeträge zwischen Aktiv- und Passivseite dürfen erfolgsneutral oder erfolgswirksam ausgebucht werden

F) Zur Verteilung der Umstellungskosten auf mehrere Jahre darf eine Bilanzierungshilfe gebildet werden

Aufgabe 8

Im Zusammenhang mit den Sammelbewertungsverfahren bei steigenden Preisen gilt:

A) Die Lifo-Methode führt zu einem höheren Wareneinsatz als die Fifo-Methode

B) Die Durchschnittsmethode verstößt in diesem Falle nicht gegen das Niederstwertprinzip

C) Der Endbestand wird beim Lifo-Verfahren niedriger bewertet als beim Durchschnittsverfahren

D) Das Lifo-Verfahren verstößt gegen das Niederstwertprinzip

E) Die Hifo-Methode führt zum gleichen Endbestandswert wie die Fifo-Methode

F) Die Verbrauchsfolgeverfahren sind handelsrechtlich und steuerrechtlich gleichermaßen zulässig

Aufgabe 9

Im Zusammenhang mit der vor- /nachverlegten Stichtagsinventur gilt:

A) es ist ein besonderes Inventar erforderlich (abweichender Inventarzeitpunkt)

B) die Bestandsaufnahme kann maximal 10 Tage vor bzw. nach dem Bilanzstichtag durchgeführt werden

C) es ist eine wertmäßige Fort-/ Rückschreibung auf den Bilanzstichtag erforderlich

D) das Verfahren ist für Aktiengesellschaften unzulässig, wenn das Geschäftsjahr nicht mit dem Kalenderjahr übereinstimmt

E) es ist spätestens alle 3 Jahre eine körperliche Bestandsaufnahme erforderlich

F) d. Bestandsaufnahme kann zu einem beliebigen Stichtag während d. ganzen Geschäftsjahres durchgeführt werden (permanente Inventur)

A u f g a b e 10

Im Zusammenhang mit den verschiedenen Kontenarten gilt:

A) Ein Hauptbuchkonto enthält den Saldo auf der betragsmäßig kleineren Seite

B) Bei Aufwandskonten stellt der Saldo den Endbestand dar

C) Das Schlußbilanzkonto stellt im Gewinnfalle ein Aktivkonto dar

D) Passivkonten enthalten Abgänge auf der Soll-Seite

E) Privatkonten enthalten Einlagen auf der Haben-Seite

F) Das Gewinn- und Verlust-Konto stellt ein Unterkonto des Schlußbilanz-Kontos dar

A u f g a b e 11

Im Zusammenhang mit den Kontenseiten (Soll/Haben) gilt:

A) Die Bezeichnungen Soll und Haben entstanden bei der Führung von Personenkonten

B) Die Soll-Seite wird in modernen Vordrucken häufig als "Lastschrift" bezeichnet

C) Die Soll-Seite (insbesond. bei Kundenkonten) wird auch als "Credit" bezeichnet

D) Ein Betrag mit "S" in einem Bankkonto-Auszug bedeutet für den Kontoinhaber ein Guthaben

E) Ein Waren-Zielverkauf wird auf dem Kundenkonto im Soll gebucht

F) Das Kassenkonto weist seinen Saldo auf der Sollseite aus

A u f g a b e 12

Im Zusammenhang mit den kalkulatorischen Kosten (GKR) gilt:

A) Der kalkulatorische Unternehmerlohn für geschäftsführende OHG-Gesellschafter vermindert den steuerpflichtigen Gewinn

B) Verbuchte Zusatzkosten müssen für die handelsrechtliche GuV-Rechnung durch Verrechnungskonten neutralisiert werden

C) Kalkulatorische Kosten dürfen nur verbucht werden, wenn es keine entsprechenden Aufwandsarten gibt

D) Bei den kalkulatorischen Zinsen werden auch Eigenkapitalzinsen verbucht (Betriebsnotwendiges Kapital)

E) Bei den kalkulatorischen Abschreibungen dürfen höchstens die tatsächlich angefallenen Anschaffungskosten abgeschrieben werden

F) Kalkulatorische Kostenarten gehen in das Betriebsergebnis ein

A u f g a b e 13

Im Zusammenhang mit neutralen Aufwendungen gilt:

A) Neutraler Aufwand entspricht den Zusatzkosten im Sinne der Kostenrechnung

B) Betriebsfremde Aufwendungen stellen keinen neutralen Aufwand dar

C) Verluste aus Wertpapiergeschäften bei Industriebetrieben stellen neutralen Aufwand dar

D) Der "Zweckaufwand" i.d. Finanzbuchhaltung entspricht den "Grundkosten" in der Kostenrechnung

E) Neutraler Aufwand umfaßt auch bestimmte kalkulatorische Kostenarten (z.B. Unternehmerlohn)

F) Wechselkurs-Verluste bei Industriebetrieben stellen neutrale Aufwendungen (Betriebsfremde Aufwendungen) dar

A u f g a b e 14

Im Zusammenhang mit neutralen Erträgen gilt:

A) Den sog. Zusatzleistungen entspricht kein Ertrag in der Finanzbuchhaltung (z.B. selbsterfundene Patente)

B) Wechselkursgewinne bei Export- u. Import-Unternehmen stellen betriebsfremde Erträge dar

C) Steuererstattungen (z.B. Gewerbesteuer) stellen betriebsfremde Erträge dar

D) Veräußerungsgewinne eines Industriebetriebes bei betrieblich genutzten Grundstücken stellen außerordentliche Erträge dar

E) Neutrale Erträge können das Ergebnis der gewöhnlichen Geschäftstätigkeit in der GuV-Rechnung nicht beeinflussen

F) Erträge aus Geschäften mit verbundenen Unternehmen stellen betriebsfremde Erträge dar

A u f g a b e 15

Im Zusammenhang mit den Buchführungssystemen gilt:

A) Bei der doppelten Buchführung müssen alle Buchungen durch mindestens 2 Mitarbeiter gemeinsam durchgeführt werden (Kontrolle)

B) Auch bei der doppelten Buchführung werden die Nebenbücher nicht nach dem Doppik-System geführt

C) Bei der kameralistischen Buchführung werden d. gebuchten Einnahm. u. Ausgaben d. geplanten Werten (Haushaltsplan) gegenübergestellt

D) Die kameralistische Buchführung ist heute nur noch für Kleinbetriebe geeignet (z.B. im Einzelhandel)

E) Alle Eintragungen in Nebenbüchern müssen im Grundbuch, jedoch nicht im Hauptbuch erfaßt werden

F) Das Doppik-Prinzip erfordert, jeden Geschäftsfall entweder durch zwei Sollbuchungen oder durch zwei Habenbuchungen zu erfassen

A u f g a b e 16

Im Zusammenhang mit den Buchhaltungsverfahren gilt:

A) Bei der Übertragungsbuchführung werden die Buchungen des Grundbuches (Journal) in das Hauptbuch übertragen

B) Das sogenannte amerik. Journal stellt eine vereinfachte Übertragungsbuchführung dar

C) Bei der Durchschreibebuchführung wird die Durchschrift einer Sollbuchung als Habenbuchung verwendet

D) Bei der Übertragungsbuchführung ist das Hauptbuch nach dem Zeitablauf eingeteilt (chronologisch)

E) Bei der EDV-Buchführung ist ein vollständiger Ausdruck aller Kontoblätter vorgeschrieben

F) Bei der EDV-Buchführung werden die Buchungen der Geschäftsfälle (Bewegungsdaten) meistens auf Festplatten gespeichert

A u f g a b e 17

Im Zusammenhang mit dem "DATEV-System" gilt:

A) In der Prima-Nota werden die obligatorischen "Grundbuchungen" (Journal) erfaßt

B) In der Prima-Nota wird eine vorläufige Bilanz dargestellt (ohne Abschreibungen)

C) Die Urbelege müssen zunächst auf Mikrofilm erfaßt werden

D) Aus den gespeicherten Daten des Mandanten im Rechenzentrum kann am Jahresende eine Bilanz erstellt werden

E) Bei der Ausgabe auf Mikrofilm (COM) werden die ausgedruckten Seiten abgefilmt und verkleinert

F) Beim DATEV-System ist ein von der DATEV anerkannter Kontenplan erforderlich

A u f g a b e 18

Im Zusammenhang mit dem Industrie-Kontenrahmen (IKR 86) gilt:

A) Der IKR stellt ein Zweikreis-System dar

B) Der IKR enthält in der Kontenklasse 6 (Betriebsaufwand) eine Kontengruppe für kalkulatorische Kostenarten

C) Der IKR enthält die sachliche Abgrenzung (Ergebnisabgrenzung) im Rechnungskreis II

D) Das Gesamtergebnis in Rechnungskreis I und Rechnungskreis II muß übereinstimmen

E) Im Industriekontenrahmen ist eine buchhalterische Kostenrechnung in der Klasse 7 vorgesehen (Rechnungskreis I)

F) Beim IKR ist die Reihenfolge der Konten durch den Betriebsablauf bestimmt (Prozeßgliederung)

Aufgabe 19

Im Zusammenhang mit den Kontenrahmen gilt:

A) Der Kontenrahmen stellt ein betriebsindividuelles Verzeichnis aller verfügbaren Konten dar

B) Der neue Kontenrahmen für das Gastgewerbe (DEHOGA-Kontenrahmen) ist am IKR orientiert

C) Der DATEV-Kontenrahmen SKR 04 ist am IKR orientiert

D) Der IKR 1986 hat die Neuerungen der BiRiLiG berücksichtigt

E) Der IKR 1986 enthält eine einheitl. Systematik sowohl für Personengesellschaften als auch für Kapitalgesellschaften

F) Der IKR 1986 enthält keine Wertberichtigungen (für Kapitalgesellschaften unzulässig)

Aufgabe 20

Im Zusammenhang mit dem Abschluß der Warenkonten gilt:

A) Bei der Fortschreibungsrechnung kann auf eine jährliche Inventur verzichtet werden

B) Bei der Fortschreibungsrechnung können Inventurdifferenzen exakt ermittelt werden

C) Bei dem Bruttoabschluß wird der Rohgewinn im Verkaufskonto ermittelt

D) Bei der Befundrechnung können Inventurdifferenzen exakt ermittelt werden

E) Beim Nettoabschluß ergibt sich der Reingewinn im Verkaufskonto

F) Der Bruttoabschluß ist für alle mittelgroßen und großen Kapitalgesellschaften gem. HGB vorgeschrieben

Aufgabe 21

Im Zusammenhang mit Gratisessen eines Restaurants an Busfahrer gilt:

A) Der Speisenumsatz stellt keinen steuerbaren Umsatz dar

B) Der Speisenumsatz muß als steuerpflichtiger Umsatz verbucht werden

C) Die Nichtverbuchung beeinflußt den Reingewinn bei Befundrechnung nicht

D) Die Nichtverbuchung beeinflußt den Rohgewinn bei Befundrechnung nicht

E) Die entsprechende Vorsteuer kann abgezogen werden

F) Es handelt sich um steuerpflichtige Umsätze, die jedoch steuerbefreit sind (Steuersatz= 0%)

A u f g a b e 22

Im Zusammenhang mit den Binnenmarkt-Umsätzen gilt:

A) In Rechnungen an Kunden in anderen EU-Ländern ist sowohl die eigene USt-Id.-Nr. als auch die USt-Id.-Nr. des Kunden anzugeben

B) Im Industriekontenrahmen (SKR50) sind in mindestens drei Kontenklassen zusätzliche Konten erforderlich geworden

C) Bei gleichen Umsatzsteuer-Sätzen (z.B. 16 %) können Umsätze in EU-Länder und Umsätze in Drittländer auf dem gleichen Konto verbucht werden

D) Die anfallende Erwerbsteuer beim "Import" aus EU-Ländern kann bei vorsteuerabzugsberechtigten Unternehmen als Vorsteuer abgezogen werden

E) Umsätze eines Versandhändlers an Nichtunternehmer in andere EU-Länder sind stets im Ursprungsland steuerpflichtig

F) Der Erwerb neuer Fahrzeuge aus anderen EU-Ländern ist in jedem Falle gesondert aufzuzeichnen

A u f g a b e 23

Im Zusammenhang mit den Grundprinzipien der Umsatzsteuer gilt:

A) Bei der Mehrwertsteuer muß der monatliche Mehrwert (Wertschöpfung) auf einem gesonderten Konto ausgewiesen werden

B) Kleinbetriebe können auch Bruttobeträge verbuchen (Herausrechnen der Umsatzsteuer an Monatsende)

C) Die Besteuerung der "vereinnahmten Entgelte" stellt die sogenannte Istbesteuerung dar

D) Nach dem Bestimmungslandprinzip ist die Einfuhr im Bestimmungsland umsatzsteuerpflichtig

E) Die Umsatzsteuer vermindert den Gewinn der Unternehmen, die steuerpflichtige Umsätze ausführen

F) Bei Umsätzen mit dem ermäßigten Steuersatz kann die Vorsteuer nur zu einem entsprechendem Teil abgezogen werden

A u f g a b e 24

Im Zusammenhang mit den Umsatzsteuer-Bemessungsgrundlagen gilt:

A) Zum Entgelt einer steuerpflichtigen Lieferung gehört auch die Umsatzsteuer

B) Auslagenersatz ist umsatzsteuerpflichtig, auch wenn es bei den Auslagen keine Vorsteuer gibt (z.B. Briefmarken)

C) Eventuelle "Zahlungszuschläge" (z.B. Verzugszinsen) bei Lieferungen gehören nicht zum umsatzsteuerpflichtigen Entgelt

D) Bei einer Gegenstandsentnahme ist stets der Buchwert zum Entnahmezeitpunkt als Bemessungsgrundlage heranzuziehen

E) Zum umsatzsteuerpflichtigen Entgelt gehören nicht Beträge, die im Namen und auf Rechnung einer anderen Firma vereinnahmt werden

F) Als "Entnahmewert" sind grundsätzlich die "Wiederbeschaffungskosten" einschließlich der Nebenkosten anzusetzen

A u f g a b e 25

Im Zusammenhang mit den <u>Lieferer-Nachlässen</u> gilt:

A) Umsatzboni stellen nachträgliche Lieferernachlässe dar

B) Sofort-Rabatte werden meist nicht buchhalterisch erfaßt

C) Liefererskonti sind beim IKR als Skonto-Ertrag zu verbuchen

D) Liefererskonti stellen beim GKR einen neutralen Ertrag dar

E) Die Lieferernachlässe werden am Jahresende in die Gewinn- und Verlustrechnung abgeschlossen

F) Die Lieferernachlässe gehören in der Gewinn- und Verlustrechnung zu den Erträgen aus dem Finanzbereich

A u f g a b e 26

Im Zusammenhang mit den <u>"Erlösberichtigungen"</u> gilt:

A) Erlösberichtigungen sind umsatzsteuerlich nicht relevant (Prinzip der vereinbarten Entgelte)

B) Kundenskonti werden beim GKR als neutraler Aufwand verbucht

C) Kundenskonti werden beim IKR als Aufwand im Finanzbereich gebucht (Klasse 7)

D) Kundenskonti werden am Jahresende in die Gewinn- und Verlustrechnung abgeschlossen (IKR)

E) Im Falle eines Rücktritts des Kunden wegen Warenmängel ist diesem die Rücktransport-Fracht zu erstatten

F) Beim IKR stellen die Kundenskonti Schmälerungen der Umsatzerlöse dar

A u f g a b e 27

Im Zusammenhang mit den <u>"Sonderposten mit Rücklagenanteil"</u> gilt:

A) Die "Sonderposten" werden aus dem ausgeschütteten Bilanzgewinn gebildet

B) Die "Sonderposten" sind für Aktiengesellschaften zwingend vorgeschrieben (Gesetzliche Rücklage gemäß AktG)

C) Die "Sonderposten" können unter bestimmten Voraussetzungen aus dem unversteuerten Gewinn gebildet werden

D) Die "Sonderposten" können auch unter "Sonstige Rückstellungen" (Steuerrückstellungen) verbucht werden

E) Die "Sonderposten" stellen weder Eigenkapital noch Fremdkapital dar

F) Die "Sonderposten" stellen einen Mischposten aus Eigenkapital und Fremdkapital dar

A u f g a b e 28

Im Zusammenhang mit den Warenentnahmen (Eigenverbrauch) gilt:

A) Warenentnahmen sind mit den tatsächl. Anschaffungskosten zu bewerten, auch wenn die Wiederbeschaff.kosten erhebl. gestiegen sind

B) Warenentnahmen sind in der Regel erfolgsneutral (Wiederbeschaffungskosten = Anschaffungskosten)

C) Bei Verbuchung auf dem Eigenverbrauchskonto muß der Wareneinsatz auf dem Einkaufskonto entsprechend korrigiert werden

D) Bei Verbuchung auf dem Einkaufskonto ist die Aufzeichnungspflicht für den Eigenverbrauch noch nicht erfüllt

E) Warenentnahmen sind auf dem Privatkonto netto (d.h. ohne Umsatzsteuer) zu verbuchen

F) Bei Verbuchung auf dem Verkaufskonto ist die Aufzeichnungspflicht für den Eigenverbrauch noch nicht erfüllt

A u f g a b e 29

Im Zusammenhang mit den Lohnbuchungen gilt:

A) Lohnvorschüsse stellen lohnsteuerpflichtiges Entgelt des Arbeitnehmers dar

B) Lohnvorschüsese stellen sozialversicherungspflichtiges Entgelt des Arbeitnehmers dar

C) Bei der Pauschallohnsteuer für Aushilfskräfte ist keine Lohnsteuerkarte erforderlich

D) Die Pauschallohnsteuer für Aushilfskräfte ist vom Arbeitgeber an das Finanzamt abzuführen

E) Sachbezüge stellen lohnsteuerpflichtiges Entgelt dar für den Arbeitnehmer

F) Sachbezüge stellen steuerpflichtige Umsätze dar für den Unternehmer

A u f g a b e 30

Im Zusammenhang mit der "Einnahme-/Überschußrechnung" (§ 4 Abs. 3 EStG) gilt:

A) Der Gewinn ergibt sich nach dem Betriebsvermögensvergleich

B) Der Gewinn ergibt sich unter Berücksichtigung der Inventurergebnisse (GOB)

C) Der Gewinn ergibt sich als Differenz von Betriebsvermögen und Privatvermögen

D) Bei der Gewinnermittlung werden Abschreibungen gewinnmindernd berücksichtigt

E) Es kann das Bewertungswahlrecht für "Geringwertige Wirtschaftsgüter" verwendet werden

F) Es sind auch die handelsrechtlichen Bilanzierungsvorschriften zu erfüllen (Maßgeblichkeitsprinzip)

1.2 Aufgaben-Nr. 31 - 57

Aufgabe 31

Im Zusammenhang mit der Verbuchung der Steuerarten gilt:

A) Die Grundsteuer stellt eine aktivierungspflichtige Steuer dar

B) Die Lohnsteuer der Arbeitnehmer stellt eine Durchlaufsteuer dar

C) Die Vermögensteuer bei Kapitalgesellschaften stellte eine nicht-abzugsfähige Steuer dar (VSt wird z.Zt nicht erhoben)

D) Die Einkommensteuer des Inhabers stellt eine nicht-abzugsfähige Betriebssteuer dar

E) Die Verbrauchsteuern (z.B. Tabaksteuer) stellen für den Hersteller Durchlaufsteuern dar

F) Beim Verkauf eines betrieblichen Grundstücks wird die Grunderwerbsteuer beim Veräußerer auf dem Konto "Grundsteuer" verbucht

Aufgabe 32

Im Zusammenhang mit der Bewertung von Wertpapieren (Effekten) gilt:

A) Wertpapiere des UV dürfen höchstens mit dem Anschaffungskurs bilanziert werden, auch wenn d. Kurs erheblich angestiegen ist

B) Im Falle einer Kurserholung müssen Kapitalgesellschaften eine Zuschreibung vornehmen

C) Für Wertpapiere des Umlaufvermögens gilt das strenge Niederstwertprinzip

D) Für Wertpapiere des Anlagevermögens gilt steuerlich das strenge Wertzusammenhang-Prinzip (Buchwert nicht höher als in Vorjahresbilanz)

E) Bei vorübergehenden Kursverlusten für Wertpapiere d. Anlagevermögens gilt das gemilderte Niederstwertprinzip

F) Die Nebenkosten beim Ankauf von Wertpapieren (z.B. bezahlte Bankprovision) sind auf dem Wertpapierkonto zu aktivieren

Aufgabe 33

Im Zusammenhang mit "Großreparaturen" (z.B. bei Gebäuden) gilt:

A) Soweit es sich um Erhaltungsaufwand handelt, kann dieser sofort als "Reparaturaufwand" verbucht werden

B) Soweit es sich um Erhaltungsaufwand handelt, ist dieser auf dem Konto des zu erhaltenden Wirtschaftsgutes zu aktivieren

C) Erhaltungsaufwand ist dann anzunehmen, wenn eine beträchtliche Substanzerweiterung und Werterhaltung vorliegt

D) Soweit es sich um Herstellungsaufwand handelt, darf dieser in der Regel nicht aktiviert werden

E) Soweit es sich um Herstellungsaufwand handelt, muß dieser den Wert der bereits aktivierten Herstellungskosten erhöhen

F) Herstellungsaufwand ist dann anzunehmen, wenn die Aufwendungen regelmäßig anfallen und zur Instandhaltung erforderlich sind

A u f g a b e 34

Im Zusammenhang mit "Geringwertigen Wirtschaftsgütern (GWG)" gilt:

A) Der Höchstbetrag für ein GWG beträgt 100.-- DM ohne Vorsteuer

B) Der Höchstbetrag für ein GWG beträgt 800.-- DM einschl. Vorsteuer

C) Ein GWG wird im Jahr des Zugangs unter der betreffenden Aufwandsart verbucht (z.B. Büromaterial)

D) Ein GWG muß im Jahr des Zugangs aktiviert werden und kann in diesem Jahr voll abgeschrieben werden

E) Ein GWG muß im Anlagespiegel nicht als Zugang ausgewiesen werden

F) Ein aktiviertes GWG kann während der Nutzungsdauer abgeschrieben werden

A u f g a b e 35

Im Zusammenhang mit den Erzeugnis-Buchungen gilt:

A) Bestandsverminderungen bedeuten, daß in der abgelaufenen Periode mehr verkauft als produziert werde

B) Bestandserhöhungen (b. Fertigerzeugnissen) werden auf dem Bestandskonto "Fertigerzeugnisse" als Zugang verbucht

C) Bestandsverminderungen in der Gewinn- und Verlustrechnung stellen Aufwand aus früheren Perioden dar

D) Das Konto "Bestandsveränderungen" stellt im Falle von Bestandserhöhungen ein Aktivkonto dar

E) Das Konto "Bestandsveränderungen" stellt im Falle von Bestandsverminderungen ein Passivkonto dar

F) Der Saldo des Kontos "Bestandsveränderungen" wird in die Schlußbilanz übernommen

A u f g a b e 36

Im Zusammenhang mit den Materialbuchungen gilt

A) Das Konto "Rohstoffe" (IKR-Konto Nr. 2000) stellt ein aktives Bestandskonto dar

B) Hilfsstoff-Einkäufe (Bareinkauf) werden auf dem IKR-Konto 6020 verbucht (Aufwendungen/Hilfsstoffe)

C) Der "Materialeinsatz" bei Rohstoffen wird auf dem Rohstoff-Bestandskonto als Zugang gebucht

D) Im Falle der Befundrechnung kann der Materialeinsatz nur rechnerisch ermittelt werden

E) Im Falle der Fortschreibungsrechnung können Inventurdifferenzen (z.B. Diebstähle) exakt ermittelt werden

F) Bei einer Fortschreibungsrechnung (z.B. für Rohstoffe) kann auf die vorgeschriebene Inventur verzichtet werden

A u f g a b e 37

Im Zusammenhang mit den Abschlußbuchungen gilt:

A) Wenn d. Jahresabschlußprüfung einer AG durch d. Wirtschaftsprüfer keine Beanstandungen ergibt,gilt d.Jahresabschluß als festgestellt

B) Die Hauptversammlung einer AG ist bei Gewinnverwendungsbeschlüssen an den festgestellten Jahresabschluß gebunden

C) Zu den endgültigen Abschlußbuchungen gehört die Abstimmung zwischen Inventurbeständen und rechnerischen Beständen

D) Die Gewinnverteilung einer Gesellschaft gehört zu den vorbereitenden Abschlußbuchungen

E) Die vorbereitenden Abschlußbuchungen einer AG sind nach dem Doppik-System durchzuführen

F) Bei vorbereitenden Abschlußbuchungen erfolgt die Gegenbuchung auf einem Abschlußkonto

A u f g a b e 38

Im Zusammenhang mit den "Abschreibungen" gilt:

A) Die lineare Abschreibung errechnet sich aus einem gleichbleibenden Prozentsatz auf den Buchwert des Gegenstandes

B) Beim degressiven Abschreibungsverfahren wird die betriebsgewöhnliche Nutzungsdauer des Gegenstandes berücksichtigt

C) Lineare und degressive Abschreibungsmethode verursachen beim gleich. Prozentsatz verschied. hohe Abschr.beträge im ersten Jahr

D) Der Erinnerungswert (1,-- DM) bedeutet, daß der Gegenstand ausgeschieden, aber noch nicht vollständig abgeschrieben ist

E) Ein hoher Abschreibungssatz erhöht den Gewinn der Unternehmung

F) Ein Übergang von der linearen zur degressiven Abschreibung ist zulässig und in späteren Jahren sinnvoll

A u f g a b e 39

Im Zusammenhang mit den Abschreibungsverfahren beim Sachanlagevermögen gilt:

A) Die Teilwertabschreibung stellt eine planmäßige Abschreibung dar

B) Bei selbsthergestellten Anlagen eines Industriebetriebes sind als Abschreibungsbasis die Herstellungskosten heranzuziehen

C) Für voll abgeschriebene und verkaufte Anlagegüter ist ein Erinnerungswert von 1.-- DM zu bilden

D) Eine Teilwertabschreibung kann auch beim abnutzbaren Sachanlagevermögen durchgeführt werden

E) Für die Abschreibungsdauer einer Maschine muß auch die wirtschaftliche Nutzungsdauer berücksichtigt werden (z.B. Nachfragewechsel)

F) Abschreibungen vermindern den steuerpflichtigen Gewinn

A u f g a b e 40

Im Zusammenhang mit den aktiven Rechnungsabgrenzungsposten gilt:

A) Aktive Rechnungsabgrenzungsposten stellen Abgrenzungen dar des Typs "Aufwand jetzt, Zahlung später"

B) Im Falle einer aktiven Rechn.abgrenz. ist eine "Sonst. Verbindl." zu bilden

C) Bei Anzahlungen mit höheren Beträgen ist auch die Umsatzsteuer bzw. Vorsteuer zu berücksichtigen

D) Aktive Rechn.abgrenz. können sich über mehrere Jahre erstrecken

E) Aktive Rechn.abgrenz.posten stellen Abgrenzungen dar des Typs "Ertrag später, Zahlung jetzt"

F) Bei der partiellen Rechn. abgrenz. verbleibt ein Teil des Aufwand/Ertrags im alten Jahr

A u f g a b e 41

Im Zusammenhang mit den Forderungs-Abschreibungen gilt:

A) Das Konto für zweifelhafte Forderungen wird auch als "Delcredere" bezeichnet

B) Wertberichtigungen zu Forderungen stellen eine indirekte Abschreibungsmethode dar

C) Einzelabschreibungen und Pauschalabschreibungen zu Forderungen können kombiniert werden

D) Forderungsausfälle (Brutto-Beträge) werden auf dem Konto "Abschreibungen auf Forderungen" verbucht

E) Beim Abschluß eines Konkursverfahrens (Eingang der Konkursquote) muß der Gläubiger den Forderungsrestwert als uneinbringlich betrachten

F) Bei der Bildung einer Pauschalwertberichtigung ist auch die entsprechende Umsatzsteuerberichtigung durchzuführen

A u f g a b e 42

Im Zusammenhang mit einem Hypotheken-Disagio gilt:

A) Bei Hypothekendarlehen mit Disagio ist der Auszahlungsbetrag als Verbindlichkeit zu bilanzieren

B) Das Disagio kann handelsrechtlich sofort als Zinsaufwand verbucht werden

C) Bei Einnahme-Ausgabe-Überschußrechnung gemäß § 4 EStG kann das Disagio sofort als Zinsaufwand abgesetzt werden

D) Bei buchführungspflichtigen Gewerbetreibenden besteht steuerlich eine Aktivierungspflicht für das Disagio

E) Das Hypothekdisagio muß in der Bilanz aktiviert und bei Auszahlung des Darlehens abgeschrieben werden

F) Die Aktivierung des Disagios stellt einen erfolgswirksamen Vorgang dar

A u f g a b e 43

Im Zusammenhang mit Rückstellungs-Buchungen gilt:

A) Bei Rückstellungen für gesetzlich definierte Zwecke besteht eine generelle Passivierungspflicht

B) Für Pensionsrückstellungen wegen neuer Pensionszusagen besteht ein Passivierungs-Wahlrecht

C) Für Steuerrückstellungen (z.B. bei der Gewerbesteuer) besteht ein Passierungs-Wahlrecht

D) Bei Kulanz-Gewährleistungen besteht eine Passivierungs-Pflicht für Rückstellungen

E) Bei Aufwandsrückstellungen besteht eine Passivierungs-Pflicht

F) Die Auflösung von Rückstellungen stellt meist einen erfolgswirksamen Vorgang dar

A u f g a b e 44

Im Zusammenhang mit schwebenden Geschäften gilt:

A) Schwebende Geschäfte werden in der Regel buchhalterisch nicht erfaßt

B) Wenn zu befürchten ist, daß der Betrieb einen schwebenden Prozeß verliert, so ist eine Gerichtskosten-Rückstellung zu bilden

C) Kaufverträge, die vom Käufer noch nicht unterzeichnet wurden, stellen schwebende Geschäfte dar

D) Aus schwebenden Geschäften (z.B. Kaufverträgen) können sich absetzbare Verluste ergeben

E) Drohende Verluste aus schwebenden Geschäften (Kaufverträgen) sind als Verbindlichkeit zu passivieren

F) Ausgelieferte Waren, die vom Käufer noch nicht bezahlt sind, stellen schwebende Geschäfte dar

A u f g a b e 45

Im Zusammenhang mit der "zeitlichen Abgrenzung" gilt:

A) Auf dem Konto "Sonst. Forderungen" ist zu buchen bei Einnahmen im alten Jahr, die als Erträge ins neue Jahr gehören

B) Auf d. Konto "Sonst. Verbindl." ist zu buchen bei Aufwand, der i. d. alte Jahr gehört, d. Einnahm. aber erst i. neuen J. erfolgt

C) Eine aktive Rechnungsabgrenzung ist zu bilden bei Ausgaben vor dem Abschlußstichtag, sofern sie Erträge davor darstellen

D) Eine passive Rechnungsabgrenzung ist zu bilden bei Einnahmen vor dem Abschlußstichtag, sofern sie Erträge davor darstellen

E) Ein auf aktive Rechnungsabgrenzung gebuchter Betrag bleibt ohne Auswirkungen auf das Unternehmungsergebnis im alten Jahr

F) Bei den Antizipationen (z.B. Verbindlichkeit wegen noch nicht bezahlter Büromiete mit Umsatzsteuerausweis) ist die Umsatzsteuer im alten Jahr zu buchen

A u f g a b e 46

Im Zusammenhang mit dem Anlagespiegel nach dem BiRiLiG (Kapitalgesellschaften) gilt:

A) Abgänge sind mit den historischen Anschaffungskosten zu bewerten

B) Zugänge können nicht durch Wertsteigerungen vorhandener Anlagegüter entstehen

C) Der Anlagespiegel nach BiRiLiG folgt dem direkten Bruttoprinzip

D) Der Endbestand des Jahres ist mit den "historischen Anschaffungskosten" zu bewerten

E) Zuschreibungen während des Geschäftsjahres dürfen mit den Abschreibungen desselben Geschäftsjahres verrechnet werden

F) Die kumulierten Abschreibungen müssen betragsmäßig den Wertberichtigungen auf der Passivseite entsprechen

A u f g a b e 47

Im Zusammenhang mit der Bilanzgliederung bei Kapitalgesellschaften (HGB) gilt:

A) Kosten für die Ingangsetzung des Geschäftsbetriebes sind innerhalb des Umlaufvermögens auszuweisen

B) Ein eventueller Verlust (Jahresfehlbetrag) ist auf der Aktivseite der Bilanz auszuweisen

C) Ein eventuelles Minuskapital ist am Ende der Passivseite auszuweisen

D) Wertpapiere können sowohl Anlagevermögen (Finanzanlagevermögen) als auch Umlaufvermögen sein

E) Die Aktivposten der Bilanz sind nach der Liquidität in aufsteigender Reihenfolge geordnet

F) Forderungen und Verbindlichkeiten gegenüber verbundenen Unternehmen sind in der Bilanz gesondert auszuweisen

A u f g a b e 48

Im Zusammenhang mit der Bilanzierungsfähigkeit auf Aktivseite und Passivseite gilt:

A) Ein eventuelles Wechselobligo ist innerhalb der Passivposten (Verbindlichkeiten) auszuweisen

B) Für neue Pensionszusagen besteht ein Passivierungswahlrecht

C) Für passive Rechnungsabgrenzungen besteht eine Passivierungspflicht

D) Die "Aufwendungen für die Ingangsetzung des Geschäftsbetriebes" stellen eine Bilanzierungshilfe dar

E) Bilanzierungshilfen dürfen bei der Ermittlung der Bilanzsumme nicht mitgezählt werden

F) Die sogenannten Eventualverbindlichkeiten dürfen bei der Ermittlung der Bilanzsumme nicht mitgezählt werden

Aufgabe 49

Im Zusammenhang mit der latenten Steuerabgrenzung nach dem BiRiLiG (Kapitalgesellschaften) gilt:

A) Aktive Steuerabgrenzung i. erforderlich, wenn d. Steuerbilanzergebnis kleiner ist als das Handelsbilanzergebnis

B) Aktive Steuerabgrenzung i. erfordl., wenn d. effekt. Steueraufwand kleiner ist als der Steueraufwand gemäß Handelsbilanz

C) Passive Steuerabgrenzung ist erforderlich, wenn das Handelsbilanzergebnis kleiner ist als das Steuerbilanzergebnis

D) Aktive Steuerabgrenzung entsteht z.B. durch Sofortverrechnung eines Disagios in der Handelsbilanz

E) Für aktive Steuerabgrenzung besteht ein Passivierungs-Wahlrecht

F) Für passive Steuerabgrenzung besteht ein Passivierungs-Wahlrecht

Aufgabe 50

Im Zusammenhang mit dem Niederstwertprinzip nach dem BiRiLiG (Kapitalgesellschaften) gilt:

A) Bei abnutzbaren Sachanlagen dürfen planmäßige Abschreibungen gebildet werden

B) Bei einer vorübergehenden Wertminderung bei Sachanlagen gilt das gemilderte Niederstwertprinzip

C) Bei einer vorübergehenden Wertminderung bei Finanzanlagen gilt das gemilderte Niederstwertprinzip

D) Bei einer dauerhaften Wertminderung bei Finanzanlagen gilt das strenge Niederstwertprinzip

E) Bei einer vorübergehenden Wertminderung im Umlauf-Vermögen gilt das gemilderte Niederstwertprinzip

F) Unübliche Abschreibungen beim Umlauf-Vermögen müssen in der Gewinn- und Verlustrechnung gesondert ausgewiesen werden

Aufgabe 51

Im Zusammenhang mit der Privatabgrenzung gilt:

A) Bei best. Branchen (z.B. Gastwirte) können für den Eigenverbrauch Pauschalbeträge eingesetzt werden

B) Bei einer teilweise privaten Nutzung von Gegenständen des Betriebsvermögens ist eine Privatabgrenzung erforderlich

C) Der private Nutzungsanteil betriebl. Gegenstände ist grundsätzlich umsatzsteuerpflichtig

D) Bei Betriebs-PKW mit privater Nutzung ist kein vollständiger Vorsteuerabzug möglich

E) Für Privatanteile bei Betriebs-PKW gibt es keinen umsatzsteuerpflichtigen Eigenverbrauch mehr

F) Die Privatabgrenzung (umsatzsteuerpflichtiger Eigenverbrauch) ist nur erforderlich, wenn bei den betreffenden Gegenständen ein vollständiger oder teilweiser Vorsteuerabzug möglich war

A u f g a b e 52

Im Zusammenhang mit dem "Verbindlichkeitsspiegel" nach dem BiRiLiG (Kapitalgesellschaften) gilt:

A) Verbindlichkeiten mit einer Laufzeit ab 4 Jahren müssen im Anhang gesondert ausgewiesen werden

B) Verbindlichkeiten mit einer Laufzeit bis zu 2 Jahren müssen in der Bilanz gesondert vermerkt werden

C) Verbindlichkeiten gegenüber verbundenen Unternehmen müssen gesondert ausgewiesen werden

D) Der Verbindlichkeitsspiegel muß auf der Passivseite der Bilanz stehen oder im Anhang

E) Als Laufzeit ist die vereinbarte Frist zwischen Aufnahme und vollständiger Tilgung des Darlehens zu berücksichtigen

F) Verbindlickeiten mit bzw. ohne Sicherheiten können in einer Position zusammengefaßt werden

A u f g a b e 53

Im Zusammenhang mit ergebnisabhängigen Aufwendungen gilt:

A) Die Vorstandstantieme einer AG stellt eine ergebnisabhängige Aufwendung dar

B) Die Aufsichtsrattantieme einer AG stellt eine ergebnisabhängige Aufwendung dar

C) Die Aufsichtsrattantieme (Gewinnbeteiligungen) hat als Bemessungsgrundlage den Jahresüberschuß zu verwenden

D) Die Aufsichtsrattantieme einer AG ist bei der Ermittlung des steuerpflichtigen Einkommens zum Teil nicht abzugsfähig

E) Für die Vorstandstantieme muß am Jahresende eine Rückstellung gebildet werden

F) Bei Auszahlung der Vorstandstantieme muß die AG die gesetzl. Abzüge (z.B. Lohnsteuer) berücksichtigen

A u f g a b e 54

Im Zusammenhang mit der Verbuchung von Rücklagen gilt:

A) Kapitalrücklagen können durch den nicht-ausgeschütteten Teil des Jahresüberschusses gebildet werden

B) Der Vorstand kann Teile d. Jahresüberschusses auch ohne entsprech. Satzungsbestimmungen in die Rücklagen einstellen

C) Die sog. stillen Reserven bei Passivposten sind bei den Kapitalrücklagen auszuweisen

D) Stille Reserven können durch Überbewertung von Aktivposten gebildet werden

E) Zuzahlungen der Aktionäre für Vorzugsaktien sind in die Gewinnrücklagen einzustellen

F) Aktiengesellschaften haben eine gesetzl. Rücklage zu bilden, bis diese einen best. Prozentsatz des Gezeichn. Kapitals erreicht hat

Aufgabe 55

Im Zusammenhang mit der internationalen Rechnungslegung gilt:

A) Das DRSC (Deutsches Rechnungslegungs-Standardisierungs-Commitee) ist eine private Organisation, die für bestimmte Zwecke gesetzlich anerkannt ist (HGB)

B) Durch den befreienden Konzernabschluß gem. HGB können Konzerne von der Pflicht zur Aufstellung von Einzelabschlüssen befreit werden

C) Konzernabschlüsse nach IAS-Standards berechtigen derzeit noch nicht zur Börsenzulassung in den USA

D) Beim ersten Wallstreet-Listing der Daimler Benz AG im Jahre 1993 war eine Überleitungsrechnung von der HGB-Rechnungslegung zur Rechnungslegung nach US-GAAP erforderlich

E) Bei der Langfristigen Fertigung ist in Deutschland bisher die Percentage-of-completion-Methode vorgeschrieben

F) Die EU-Kommission hat angekündigt, ihre Richtlinien zur Rechnungslegung entsprechend den internationalen Standards abzuändern

Aufgabe 56

Im Zusammenhang mit der Kapitalflußrechnung (Cash Flow-Statement) gilt:

A) Ein Nettozufluß im Umsatzbereich führt am Jahresende zu einer gleich hohen Erhöhung des kurzfristigen Geldvermögens

B) Der Cash Flow im Umsatzbereich umfaßt die nicht-ausgabewirksamen Aufwendungen einer Periode und den Gewinn

C) Aktienkapitalerhöhungen stellen einen Zufluß im Kapitalbereich dar

D) Fremdkapitaltilgungen stellen einen Kapitalabfluß im Investitionsbereich dar

E) Die Summe der Bewegungen aller Nichtfondskonten muß gleich sein der Summe der Veränderungen der Fondskonten

F) Der Cash Flow aus dem Umsatzbereich kann auch für Gewinnausschüttungen (Gewinnentnahmen) verwendet werden

Aufgabe 57

Im Zusammenhang mit dem Konsolidierten Jahresabschluß (Konzernbilanz) gilt:

A) Bei der Kapitalkonsolidierung wird das Eigenkapital des Mutterunternehmens eliminiert

B) Für den Konzernabschluß sind grundsätzlich alle Tochterunternehmen einzubeziehen, auch wenn diese ihren Sitz im Ausland haben

C) Für die Aktivierung der Konzernbilanzpositionen sind die Maßnahmen in den Einzelabschlüssen als maßgeblich anzusehen

D) Für die Bewertung der Konzernbilanzpositionen sind die Maßnahmen in den Einzelabschlüsse als maßgeblich anzusehen

E) Für die Konzern-Erfolgsrechnung müssen alle konzerninternen Umsätze konsolidiert (eliminiert) werden

F) Für die Konzernbilanz müssen alle Gewinne aus konzerninternen Umsätzen konsolidiert werden (Eliminierung der Zwischengewinne)

2 BUCHUNGSSÄTZE

2.1 Aufgabe-Nr. 58 (Wareneinkauf / Warenverkauf)

Tragen Sie in ein Journal die zutreffenden Buchungssätze für die folgenden Geschäftsfälle eines Industriebetriebes ein! Verwenden Sie dabei den Übungskontenplan gemäß IKR im Anhang, als Umsatzsteuer-Satz wird 10% angenommen. Umsatzsteuer-Berichtigung: Nettoverfahren; Fabrikate: Befundrechnung.

	EUR
1. Zieleinkauf von Hilfsstoffen, brutto	1100
2. Eingangsfracht zu 1., Barzahlung, brutto	253
3. Banküberweisung an den Lieferer von 1. unter Abzug von 2% Skonto	
4. Zielverkauf von Fertigerzeugnissen, brutto	1760
5. Der Verkäufer erteilt dem Käufer von 4. eine Gutschrift in Höhe von 5 % des Rechnungsbetrages wegen dessen Mängelrüge (Abbuchung von Forderung)	

2.2 Aufgabe-Nr. 59 (Eigenverbrauch)

Tragen Sie in ein Journal die zutreffenden Buchungssätze für die folgenden Geschäftsfälle eines Industriebetriebes ein! Verwenden Sie dabei den Übungskontenplan gemäß IKR im Anhang, als Umsatzsteuer-Satz wird 10% angenommen.

	EUR
1. Privatentnahme von Handelswaren, netto (Buchung mit Eigenverbrauchskonto)	500
2. Privatentnahme von Bargeld	1500
3. Ein Betriebs-PKW (bisher direkt abgeschrieben) wird in das Privatvermögen übernommen, Buchwert:	1000
Entnahmewert / Verkehrswert, netto:	5000
4. Barzahlung einer Gaststätten-Rechnung für Kundenbewirtung, brutto (hier noch keine Privatabgrenzung)	110
5. Privatabgrenzung der Gaststättenrechnung aus 4. hinsichtlich Einkommensteuer und Umsatzsteuer (Vorsteuer)	

2.3 Aufgabe-Nr. 60 (Personalbuchungen)

Tragen Sie in ein Journal die zutreffenden Buchungssätze für die folgenden Geschäftsfälle eines Industriebetriebes ein! Verwenden Sie dabei den Übungskontenplan gemäß IKR im Anhang, als Umsatzsteuer-Satz wird 10% angenommen.

	EUR
1. Banküberweisung von Gehältern am Monatsende	
Bruttogehälter	15000
Lohnsteuer	300
Sozialversicherung / Arbeitnehmer-Beiträge	250
Gehaltsvorschuß	500
2. Die Arbeitgeberanteile zur Sozialvericherung bei 1. werden passiviert	250
3. Löhne für kurzfristige Aushilfskräfte werden bar ausbezahlt (Kein Lohnsteuerabzug, kein Sozialversicherungsabzug)	2150
4. Der Arbeitgeber passiviert die Pauschallohnsteuer für 3.	430
5. Der Arbeitgeber bezahlt die Pauschallohnsteuer von 4. per Banküberweisung	

2.4 Aufgabe-Nr. 61 (Gehaltsbuchung mit Sachbezügen)

Tragen Sie in ein Journal die zutreffenden Buchungssätze ein für die folgenden Geschäftsvorfälle. Nachdem Sachbezüge meist im Gastgewerbe vergeben werden, ist hier ein Original-Beispiel eines Hotelangestellten aufgeführt. Daher werden auch nachstehende Konten aus dem Deutschen Hotel- und Gaststätten-Kontenrahmen (DEHOGA-Kontenrahmen = Datev SKR70) verwendet.

==

1800 Bank

SONSTIGE VERBINDLICHKEITEN:

3720 Verbindlichkeiten aus Lohn und Gehalt

3730 Verbindlichkeiten aus Lohn- und Kirchensteuer

3740 Verbindlichkeiten im Rahmen der sozialen Sicherung

3806 Umsatzsteuer (16 %)

ERTRÄGE:

5880 Sachbezüge / 0 % USt (Personal-Logis)

5884 Sachbezüge / 16 % USt (Personalkost)

AUFWENDUNGEN:

6210 Löhne und Gehälter

6220 Gesetzliche soziale Aufwendungen (AG-Anteile)

6230 Freiwillige soziale Aufwendungen

==

(A) Mitarbeiter-Abrechnung (zunächst Passivierung!)		DM
1. Bruttogehalt lauf Tarifvertrag (NGG)		4000,--
2. Freiwillige soziale Aufwendungen:		
a) Freie Kost und freies Logis laut Sachbezugs-VO, brutto		610,--
-Pauschalwert Logis (0 % Umsatzsteuer)	280,--	
- Pauschalwert Kost (16 % USt), brutto	330,--	
(284,48 netto + 45,52 USt = 330,-- brutto)		
- Zusammen:	610,--	
b) Arbeitgeberzuschuß zur Vermögenswirks. Leistung (Bausparvertrag: 936,-- : 12 = 78,-- p.m.), davon AG-Zuschuß		39,--
c) Zusammen		649,--

3. Gesetzliche Abzüge (Steuern)(Bemess.grundlage: 4.649,--)

a) Lohnsteuerklasse I laut Tabelle	919,41
b) Kirchensteuer / Bayern (8 % von a))	73,55
c) Solidaritätszuschlag (5,5 % v. a))	50,57
d) Zusammen	1.043,53

4. Gesetzliche Abzüge (Sozialversicherung)

a) Krankenversicherung: 6,6 % von 4.649,--	306,83
b) Rentenversicherung: 9,6 % von 4.649,--	446,30
c) Arbeitslosenversicherung: 3,25 % von 4.649,--	151,09
d) Pflegeversicherung: in a) enthalten	
e) Zusammen	904,22

5. Verrechnung der Sachbezüge (Logis)

Sachbezüge / Logis (0% USt) laut Verordnung	280,--

6. Verrechnung der Sachbezüge (Kost)

Sachbezüge / Kost-(16 % USt) laut Verordnung, netto	284,48
Umsatzsteuer 16 %	45,52
Brutto	330,--

(B) Arbeitgeber-Anteile (Passivierung)	DM
7. Arbeitgeberanteile an AOK, zusammen	904,22
8. Umlage für Mutterschaft und Krankheit (U2, U1 entfällt)	4,65

(C) Auszahlungen	DM
9. Gehaltsüberweisung am Monatsende:	
Bruttobezüge (1.+2.)	4.649,--
./. Lohnst./KiSt/Sol.Z., zus.	1.043,53
./. Sozialvers.beiträge d. AN, zus.	904,22
./. Sachbezüge zus.	610,--
./. AN-Anteil an Vermögenswirks. Leistung	78,--
= Überweisungsbetrag	2.013,25
10. Überweisung der Vermög.wirks.Leistung	
Überweisung an Bausparkasse	78,--
11. Überweisung der Steuer-Abzüge an Betriebsstätten-Finanzamt am 10. des Folgemonats	1.043,55
12. Überweisung der Sozialversicherungsbeiträge an AOK am 15. des Folgemonats	
a) Sozialversich.beiträge: 904,22 x 2 = 1.808,44	
b) Umlagen U1 + U2: 4,65	
c) Zusammen 1.813,09	

2.5 Aufgabe-Nr. 62 (Steuerzahlungen)

Tragen Sie in ein Journal die zutreffenden Buchungssätze für die folgenden Geschäftsfälle eines Industriebetriebes ein! Verwenden Sie dabei den Übungskontenplan gemäß IKR im Anhang, als Umsatzsteuer-Satz wird 10% angenommen.

	EUR
1. Die im Vormonat einbehaltene Lohnsteuer der Arbeitnehmer wird an das Finanzamt überwiesen	17500
2. Die vierteljährliche Grundsteuer-Vorauszahlung für das Betriebsgrundstück wird vom Bankkonto überwiesen	750
3. Die Körperschaftsteuer-Vorauszahlung wird überwiesen	3500
4. Die Gewerbeertragsteuer-Rückstellung wird aufgelöst,	
Rückstellungsbetrag	15000
Steuernachzahlung (Banküberweisung)	12500
5. Bei einem Einzelkaufmann wird die Erbschaftsteuer per Banküberweisung bezahlt (private Erbschaft)	1620

2.6 Aufgabe-Nr. 63 (Laufende Buchungen)

Tragen Sie in ein Journal die zutreffenden Buchungssätze für die folgenden Geschäftsfälle eines Industriebetriebes ein! Verwenden Sie dabei den Übungskontenplan gemäß IKR im Anhang, als Umsatzsteuer-Satz wird 10% angenommen.

	EUR
1. Ein Kunde hat seine Rechnung per Banküberweisung bezahlt mit Abzug von 2 % Skonto; Rechnungsbetrag, brutto	2200
2. Verkauf eines direkt abgeschrieb. Betriebs-Pkw gegen Bar/netto	5000
- Der Buchwert betrug	7000
3. Eine Personengesellschaft erhält Aktiendividende	
- Eingang auf dem Bankkonto	525
- Steuergutschriften (KSt+KapESt): 300 EUR + 175 EUR	475
4. Wir bezahlen per Banküberweisung die Rechnung für eine Werbeanzeige wegen Eröffnung einer neuen Filiale (aktivieren!)	
- Rechnungsbetrag, brutto	3300
5. Eingang der "Konkursquote" auf unserem Bankkonto für eine zweifelhafte Forderung	
- Forderung (brutto)	11000
- Eingang auf dem Bankkonto (20 %)	2200

2.7 Aufgabe-Nr. 64 (Wertpapierbuchungen)

Tragen Sie in ein Journal die zutreffenden Buchungssätze für die folgenden Geschäftsfälle eines Industriebetriebes ein! Verwenden Sie dabei den Übungskontenplan gemäß IKR im Anhang, als Umsatzsteuer-Satz wird 10% angenommen.

	EUR
1. Kauf von 30 Stück Aktien der Industrie-AG bei der Bank als kurzfristige Kapitalanlage, Kurswert zusammen	9000
Die Bank belastet uns zusätzlich mit den Nebenkosten von	126
2. Wir verkaufen die Hälfte der Aktien bei der Bank, Kurswert	5000
Die Bank zieht uns die Nebenkosten ab	75
3. Am Jahresende haben die verbliebenen Aktien nur noch einen Kurswert von	3500
4. Wir verkaufen die verbliebenen Aktien, Eingang auf dem Bankkonto	3150
5. Wir erhalten Zinsen aus einer kurzfristigen Geldanlage in einer Industrieanleihe auf unserem Bankkonto	900

2.8 Aufgabe-Nr. 65 (Delcredere-Bildung)

Tragen Sie in ein Journal die zutreffenden Buchungssätze für die folgenden Geschäftsfälle eines Industriebetriebes ein! Verwenden Sie dabei den Übungskontenplan gemäß IKR im Anhang, als Umsatzsteuer-Satz wird 10% angenommen. Umsatzsteuer-Berichtigung: Nettoverfahren.

	EUR
1. Erstmalige Bildung einer Pauschalwertberichtigung zu Forderungen (Delkredere)	7500
2. Eine zweifelhafte Forderung ist uneinbringlich geworden (Ausfall über Delkredere buchen), brutto	5500
3. Eine Personengesellschaft erhält auf dem Bankkonto die Dividende aus Wertpapieren des Umlaufvermögens	
- Bardividende (Bruttodiv. abzügl. KSt)	1400
- Körperschaftsteuer-Gutschrift	600
- Einbehaltene Kapitalertragssteuer (Gutschrift)	350
- Eingang auf dem Bankkonto	1050
4. Am Jahresende wird eine Rückstellung für die Aufsichtsrat-Tantieme gebildet (Genehmigung durch folgende Hauptversammlung)	10000
5. Am Jahresende errechnet sich eine Gewerbeertragsteuer-Schuld	21000
Die Vorauszahlungen betrugen	18000
Es ist eine Rückstellung für die Nachzahlung zu bilden	

2.9 Aufgabe-Nr. 66 (Anlagegüter)

Tragen Sie in ein Journal die zutreffenden Buchungssätze für die folgenden Geschäftsfälle eines Industriebetriebes ein! Verwenden Sie dabei den Übungskontenplan gemäß IKR im Anhang, als Umsatzsteuer-Satz wird 10% angenommen.

	EUR
1. Verkauf einer indirekt abgeschriebenen Werkzeugmaschine	
Verkaufspreis / brutto, gegen Scheck	5500
Anschaffungskosten	10000
Bisherige Wertberichtigung (Auflösung s. 2.)	7000
2. Auflösung der Wertberichtigung für 1.	
3. Zielkauf einer neuen Büromaschine, brutto	8250
4. Barzahlung von Fracht für die Maschine von 3., netto	150
5. Für eine bestellte Werkzeugmaschine wurde eine Anzahlung an den Lieferer überwiesen, netto	10000

2.10 Aufgabe-Nr. 67 (Materialbuchungen)

Tragen Sie in ein Journal die zutreffenden Buchungssätze für die folgenden Geschäftsfälle eines Industriebetriebes ein! Verwenden Sie dabei den Übungskontenplan gemäß IKR im Anhang, als Umsatzsteuer-Satz wird 10% angenommen. Rohstoffe: Fortschreibungsrechnung;
Hilfsstoffe: Befundrechnung.

	EUR
1. Materialentnahme (Rohstoffe) für die Produktion	1500
2. Bareinkauf von Hilfsstoffen, brutto	1100
3. Am Jahresende wird der Hilfsstoffverbrauch errechnet	10000
4. Bei Rohstoffen wird am Jahresende ein Schwund festgestellt	2000
5. Ein Mitarbeiter-Darlehen wird bar ausgezahlt	1000

2.11 Aufgabe-Nr. 68 (Erzeugnisbuchungen)

Tragen Sie in ein Journal die zutreffenden Buchungssätze für die folgenden Geschäftsfälle eines Industriebetriebes ein! Verwenden Sie dabei den Übungskontenplan gemäß IKR im Anhang, als Umsatzsteuer-Satz wird 10% angenommen. Fabrikate: Befundrechnung.

1. Die Inventur ergibt eine Bestandserhöhung bei Fertigerzeugnissen	6000
2. Eine Maschine wurde selbst hergestellt und für betriebseigene Zwecke verwendet, Herstellungskosten	2250
3. Die Inventur ergibt eine Bestandsverminderung bei Unfertigen Erzeugnissen	10000
4. Die Rechnung für eine Anzeigenserie wegen Gründung einer neuen Filiale wurde überwiesen, netto (aktivieren)	5000
5. Ein Darlehen an ein verbundenes Unternehmen wird überwiesen	10000

2.12 Aufgabe-Nr. 69 (Abschreibungen / Sachanlagen)

Tragen Sie in ein Journal die zutreffenden Buchungssätze für die folgenden Geschäftsfälle eines Industriebetriebes ein! Verwenden Sie dabei den Übungskontenplan gemäß IKR im Anhang, als Umsatzsteuer-Satz wird 10% angenommen. Fabrikate: Befundrechnung.

1. Ein Betriebs-PKW wird direkt abgeschrieben	1500
2. Wegen Unfall (Totalschaden) muß der PKW von 1. auf den Schrottwert abgeschrieben werden, Abschreibungsbetrag	5900
3. Bei Verschrottung des PKWs aus 2. wird der Schrottwert ausgebucht (Schrotterlös bar erhalten), netto	100
4. Privatentnahme in bar	1000
5. Privatentnahme von Fertigerzeugnissen, netto (Buchung mit Eigenverbrauchskonto)	250

2.13 Aufgabe-Nr. 70 (Abschreibungen / Forderungen)

Tragen Sie in ein Journal die zutreffenden Buchungssätze für die folgenden Geschäftsfälle eines Industriebetriebes ein! Verwenden Sie dabei den Übungskontenplan gemäß IKR im Anhang, als Umsatzsteuer-Satz wird 10% angenommen. Umsatzsteuer-Berichtigung: Nettoverfahren.

	EUR
1. Eröffnung des Konkursverfahrens bei einem Kunden, Forderung	27500
2. Der Konkursverwalter bei 1. rechnet mit einer Konkursquote von 40 %, Abschreibung des Ausfallbetrages	
3. Eine bisher einwandfreie Kundenforderung wird uneinbringlich, brutto (Es wird ein Delkredere-Konto geführt)	1100
4. Aushilfslöhne werden bar gezahlt (kein Lohnsteuerabzug)	2200
5. Die Pauschallohnsteuer zu 4. wird passiviert	440

2.14 Aufgabe-Nr. 71 (Zeitliche Abgrenzungen)

Tragen Sie in ein Journal die zutreffenden Buchungssätze für die folgenden Geschäftsfälle eines Industriebetriebes ein! Verwenden Sie dabei den Übungskontenplan gemäß IKR im Anhang, als Umsatzsteuer-Satz wird 10% angenommen.

	EUR
1. Am 1.12.: Vorausüberweisung der Kfz-Versicherung für ein Jahr	300
2. Am Jahresende schuldet uns der Mieter eines Büros die Dezembermiete (keine Umsatzsteuer)	500
3. Am Jahresende schulden wir einem Darlehensgeber den Zins für das abgelaufene Jahr	350
4. Zieleinkauf von Rohstoffen, brutto	11000
5. Privatentnahme in bar	2000

2.15 Aufgabe-Nr. 72 (Jahresabschluß / AG)

Tragen Sie in ein Journal die zutreffenden Buchungssätze für die folgenden Geschäftsfälle eines Industriebetriebes ein! Verwenden Sie dabei den Übungskontenplan gemäß IKR im Anhang, als Umsatzsteuer-Satz wird

10% angenommen.

	EUR
1. Am Jahresende wird die Vorstandstantieme passiviert	11000
2. Bei der Inventur wird der Diebstahl einer Schreibmaschine festgestellt	500
3. Bei Gründung einer Kapitalgesellschaft wird für eine Werbekampagne überwiesen (aktivieren), brutto	5500
4. Am Jahresende errechnen sich wegen 3. passive latente Steuern	1500
5. Bewirtung von Geschäftsfreunden bar bezahlt, brutto (hier noch keine Privatabgrenzung)	275

3 BUCHUNGSGÄNGE

3.1 Aufgabe-Nr. 73 (Bestandskonten)

(a) Legen Sie folgende Hauptbuchkonten an: Einrichtung, Kasse, Warenvorräte, Eigenkapital, Verbindlichkeiten, Schlußbilanz.

Tragen Sie aus der nachstehenden Eröffnungsbilanz die Anfangsbestände in die angelegten Hauptbuchkonten vor, jeweils unter Angabe von "AB" (Anfangsbestand) und Betrag.

A	Eröffnungsbilanz (EUR)		P
Einrichtung	36000	Eigenkapital	15000
Kasse	6500	Verbindlichkeiten	35000
Warenvorräte	7500	---	
Summe	50000		50000

(b) Legen Sie ein Tagesjournal an und tragen Sie in dieses Journal die zutreffenden Buchungssätze für nachfolgende Geschäftsfälle ein. Verwenden Sie dabei die Geschäftsfall-Nr. 1.,2.,3. usw.
Bei dieser Aufgabe werden noch keine Kontennummern verwendet und es werden noch keine Umsatzsteuerbuchungen berücksichtigt.

	EUR
1. Bareinkauf von Waren	1000
2. Barzahlung einer Lieferantenrechnung	5000
3. Auszahlung eines neuaufgenommenen Kredits am Bankschalter	2500
4. Barkauf einer neuen Büromaschine	1250
5. Barverkauf der gebrauchten Büromaschine	500

Übertragen Sie sodann die Buchungsätze in die Hauptbuchkonten, jeweils unter Angabe von Geschäftsfall-Nr. und Betrag! Stimmen Sie zum Schluß die Soll- und Habensumme des Journals ab.

(c) Legen Sie ein Abschlußjournal an und tragen Sie in dieses Journal die zutreffenden Buchungsätze für die endgültigen Abschlußbuchungen ein! Bezeichnen Sie dabei die Abschlußbuchungen mit a., b., c., usw. Stimmen Sie zum Schluß die Soll- und Habensumme dieses Journals ab!

Führen Sie dann die Abschlußbuchungen auf den Hauptbuchkonten durch, jeweils unter Angabe von Geschäftsfall-Nr. und Betrag.

3.2 Aufgabe-Nr. 74 (Erfolgskonten)

(a) Legen Sie folgende Hauptbuchkonten an: Löhne und Gehälter, Mietaufwand, Allgemeine Verwaltungskosten, Zinserträge, Provisionserträge, Kasse, Eigenkapital, Gewinn- und Verlustkonto. Tragen Sie auf die angelegten Konten vor: Anfangsbestand / Eigenkapital: 5000 EUR, Anfangsbestand / Kasse: 4550 EUR.

(b) Legen Sie ein Tagesjournal an und tragen Sie in dieses Journal die zutreffenden Buchungssätze für nachfolgende Geschäftsfälle ein. Verwenden Sie dabei die Geschäftsfall-Nr. 1.,2.,3. usw.
Bei dieser Aufgabe werden noch keine Kontennummern verwendet, es werden noch keine Umsatzsteuerbuchungen und keine gesetzlichen Abzüge bei Lohnbuchungen berücksichtigt.

	EUR
1. Barauszahlung von Löhnen	1625
2. Barzahlung der Büromiete	435
3. Bareingang von Vermittlungsprovision	793
4. Barkauf von Büromaterial	43
5. Ein Darlehensschuldner zahlt Zinsen in bar	2285

Übertragen Sie sodann die Buchungsätze in die Hauptbuchkonten, jeweils unter Angabe von Geschäftsfall-Nr. und Betrag! Stimmen Sie zum Schluß die Soll- und Habensumme des Journals ab.

(c) Legen Sie ein Abschlußjournal an und tragen Sie in dieses Journal die zutreffenden Buchungsätze für die nachstehenden Abschlußbuchungen ein:

- Abschluß der Erfolgskonten
- Umbuchung des Gewinns auf das Eigenkapitalkonto

Bezeichnen Sie die Abschlußbuchungen mit a.,b., c., usw.
Stimmen Sie zum Schluß die Soll- und Habensumme dieses Journals ab.

Führen Sie dann die Abschlußbuchungen auf den Erfolgskonten durch, jeweils unter Angabe von Geschäftsfall-Nr. und Betrag. Im Eigenkapitalkonto und im Kassenkonto sind die Kontensummen sowie der Endbestand einzutragen (hier keine Abschlußbuchungen).

3.3 Aufgabe-Nr. 75 (Umsatzsteuer)

(a) Legen Sie folgende Hauptbuchkonten an: Warenvorräte (Wareneinkauf), Forderungen a.L.u.L., Vorsteuer, Bank, Eigenkapital, Verbindlichk. a.L.u.L., Umsatzsteuer, Warenverkauf, Schlußbilanzkonto, Gewinn- und Verlustkonto.
Tragen Sie aus der nachstehenden Eröffnungsbilanz die Anfangsbestände in die angelegten Hauptbuchkonten vor, jeweils unter Angabe von "AB" (Anfangsbestand) und Betrag.

A	Eröffnungsbilanz (EUR)		P
Warenvorräte	1250	Eigenkapital	5000
Forder.a.L.u.L.	3500	Verbindlichkeiten	250
Bank	500	---	
Summe	5250		5250

(b) Legen Sie ein Tagesjournal an und tragen Sie in dieses Journal die zutreffenden Buchungssätze für nachfolgende Geschäftsfälle ein. Verwenden Sie dabei die Geschäftsfall-Nr. 1., 2., 3., usw.

	EUR
1. Zieleinkauf von Waren, Rechnungsbetrag / netto:	500
2. Zielverkauf dieser Waren, Rechnungsbetrag / netto:	750
3. Am Monatsende wird das Vorsteuerguthaben auf das Umsatzsteuerkonto übertragen (Direktabschluß)	
4. Danach wird auf dem Umsatzsteuerkonto die Zahllast ermittelt und per Banküberweisung bezahlt.	

Übertragen Sie sodann die Buchungsätze in die Hauptbuchkonten, jeweils unter Angabe von Geschäftsfall-Nr. und Betrag! Stimmen Sie zum Schluß die Soll- und Habensumme des Journals ab.

(c) Legen Sie ein Abschlußjournal an und tragen Sie in dieses Journal die zutreffenden Buchungsätze für die endgültigen Abschlußbuchungen ein! Bezeichnen Sie dabei die Abschlußbuchungen mit a., b., c., usw. Der Warenendbestand laut Inventur beträgt 1250 EUR (Befundrechnung). Stimmen Sie zum Schluß die Soll- und Habensumme dieses Journals ab.

Führen Sie dann die Abschlußbuchungen auf den Hauptbuchkonten durch, jeweils unter Angabe von Geschäftsfall-Nr. und Betrag.

3.4 Aufgabe-Nr. 76 (Material-Befundrechnung)

(a) Legen Sie folgende Hauptbuchkonten an: 0700, 0800, 2000, 2100, 2200, 2400, 2600, 2800, 2880, 3000, 3001, 3610, 4400, 4800, 4820, 4830, 5000, 5200, 5420, 6000, 6200, 6520, 6800, 7090, 8010, 8020. Tragen Sie aus der nachstehenden Eröffnungsbilanz die Anfangsbestände in die angelegten Hauptbuchkonten vor, jeweils unter Angabe von "AB" (Anfangsbestand) und Betrag.

A	Eröffnungsbilanz (EUR)		P
T.A.u.Masch.	10000	Eigenkapital	22000
A.A.u.B.G.A.	4500	Verb.a.L.u.L.	3500
Rohstoffe	3500		
Unfert.Erz.	800		
Fertigerz.	1000		
Ford.a.L.u.L.	700		
Bank	3300		
Kasse	1700		
Summe	25500		25500

(b) Legen Sie ein Tagesjournal an und tragen Sie in dieses Journal die zutreffenden Buchungssätze für nachfolgende Geschäftsfälle ein. Verwenden Sie dabei die Geschäftsfall-Nr. 1., 2., 3., usw. sowie die Kontennummern und -Bezeichnungen wie im Übungskontenplan bzw. wie in den Hauptbuchkonten.
Rohstoffe: Fortschreibungsrechnung
Hilfsstoffe und Erzeugnisse: Befundrechnung
Umsatzsteuersatz: 10%

	EUR
1. Materialentnahme (Rohstoffe) für die Produktion	2200
2. Zielverkauf von Fertigerzeugnissen, netto	6000
3. Privatentnahme von Fertigerzeugnissen, netto	30
4. Bareinkauf von Büromaterial, netto	20
5. Zieleinkauf von Rohstoffen, brutto	1100
6. Lohnüberweisung per Bank (Pauschallohnsteuer,hier 10 %)	800
7. Banküberweisung der Kunden für Rechnungen	500

Übertragen Sie sodann die Buchungssätze in die Hauptbuchkonten, jeweils unter Angabe von Geschäftsfall-Nr. und Betrag! Stimmen Sie zum Schluß die Soll- und Habensumme des Journals ab.

(c) Legen Sie ein Abschlußjournal an und tragen Sie in dieses Journal die zutreffenden Buchungssätze für die vorbereit. und endgültigen Abschlußbuchungen ein! Verwenden Sie dabei die folgenden Abschlußangaben und bezeichnen Sie die Buchungen mit a., b., c., usw. Es können Sammelbuchungssätze verwendet werden (z.B. Per Schlußbilanzkonto an alle Aktivkonten). Stimmen Sie zum Schluß die Soll- und Habensumme dieses Journals ab.

Führen Sie dann die Abschlußbuchungen auf den Hauptbuchkonten durch, jeweils unter Angabe von Geschäftsfall-Nr. und Betrag. Auf den beiden Abschlußkonten ist bei den Abschlußbuchungen zusätzlich das Gegenkonto anzugeben.

	EUR
- Abschreibung der Maschinen (indirekt)	300
- Abschreibung der Betr.- und Gesch.ausstattung (direkt)	200
- Inventurbestand / Rohstoffe: wie Buchbestand	
- Inventurbestand / Unfertige Erzeugnisse	500
- Inventurbestand / Fertigerzeugnisse	1100
- Die Umsatzsteuer-Zahllast ist auf dem Verrechnungskonto zu ermitteln und per Banküberweisung zu bezahlen.	

3.5 Aufgabe-Nr. 77 (Anlagenverkauf)

(a) Legen Sie folgende Hauptbuchkonten an: 0700, 0800, 2000, 2020, 2100, 2200, 2400, 2600, 2800, 2880, 3000, 3001, 3610, 4400, 4800, 4820, 4830, 4840, 5000, 5200, 5420, 6000, 6020, 6200, 6400, 6520, 6962, 8010, 8020.
Tragen Sie aus der nachstehenden Eröffnungsbilanz die Anfangsbestände in die angelegten Hauptbuchkonten vor, jeweils unter Angabe von "AB" (Anfangsbestand) und Betrag.

A	Eröffnungsbilanz (EUR)		P
T.A.u.Masch.	4200	Eigenkapital	16010
A.A.u.B.G.A.	1200	Wertb.z.S.A.	1300
Rohstoffe	2820	Verb.a.L.u.L.	3240
Hilfsstoffe	1060		
Unfert.Erz.	1840		
Fertigerz.	1260		
Ford.a.L.u.L.	2680		
Bank	4840		
Kasse	650		
Summe	20550		20550

(b) Legen Sie ein Tagesjournal an und tragen Sie in dieses Journal die zutreffenden Buchungssätze für nachfolgende Geschäftsfälle ein. Verwenden Sie dabei die Geschäftsfall-Nummern 1.,2.,3. usw. sowie die Kontennummern und -Bezeichnungen wie im Übungskontenplan bzw. wie in den Hauptbuchkonten.
Rohstoffe: Fortschreibungsrechnung
Hilfsstoffe und Erzeugnisse: Befundrechnung
Umsatzsteuersatz: 10%

	EUR
1. Materialentnahme (Rohstoffe) für die Produktion	510
2. Zielverkauf von Fertigerzeugnissen, netto	8000
3. Privatentnahme von Fertigerzeugnissen, netto	100
4. Zielverkauf einer gebrauchten Werkzeugmaschine netto	700
Die Anschaffungskosten betrugen	1500
Die bisherigen Wertberichtigungen betragen	600
5. Zieleinkauf von Hilfsstoffen, brutto	440
6. Lohnauszahlung (Banküberweisung), Lohnsumme / brutto	700
Lohnsteuer / Kirchensteuer der Arbeitnehmer	100
Arbeitnehmeranteile zur Sozialversicherung	80
7. Die Arbeitgeberanteile zur Sozialversicherung werden passiviert	90

Übertragen Sie sodann die Buchungsätze in die Hauptbuchkonten, jeweils unter Angabe von Geschäftsfall-Nr. und Betrag! Stimmen Sie zum Schluß die Soll- und Habensumme des Journals ab.

(c) Legen Sie ein Abschlußjournal an und tragen Sie in dieses Journal die zutreffenden Buchungssätze für die vorbereitenden und endgültigen Abschlußbuchungen ein! Verwenden Sie dabei die folgenden Abschlußangaben und bezeichnen Sie die Buchungen mit a., b., c., usw. Es können Sammelbuchungssätze verwendet werden (z.B. Per Schlußbilanzkonto an alle Aktivkonten). Stimmen Sie zum Schluß die Soll- und Habensumme dieses Journals ab.

Führen Sie sodann die Abschlußbuchungen auf den Hauptbuchkonten durch, jeweils unter Angabe von Geschäftsfall-Nr. und Betrag. Auf den beiden Abschlußkonten ist bei den Abschlußbuchungen zusätzlich das Gegenkonto anzugeben.

	EUR
- Abschreibung der Maschinen (indirekt)	400
- Abschreibung d. Betr.- und Gesch.ausstattung (direkt)	300
- Inventurbestand / Rohstoffe: wie Buchbestand	
- Inventurbestand / Hilfsstoffe	920
- Inventurbestand / Unfertige Erzeugnisse	1500
- Inventurbestand / Fertigerzeugnisse	1500
- Die Umsatzsteuer-Zahllast ist auf dem Verrechnungskonto zu ermitteln und per Banküberweisung zu bezahlen.	

4 ABSCHLUßÜBERSICHTEN

4.1 Aufgabe-Nr. 78 (Privatabgrenzung)

(a) Auf der nächsten Seite finden Sie die Abschlußübersicht für eine Industrieunternehmung, die Kontennummern sind entspr. dem Industriekontenrahmen (IKR'86) eingesetzt, die Summenbilanz ist bereits eingetragen (unsaldierte Kontensummen). Alle Beträge lauten auf Tausend EUR (TEUR), als Umsatzsteuer-Satz ist 10% angenommen. Rohstoffe: Fortschreibungsrechnung, Hilfsstoffe und Erzeugniskonten: Befundrechn.

(b) Tragen Sie zunächst in ein Journal die Buchungssätze für die Umbuchungen entsprechend den Abschlußangaben ein:

	TEUR
1. Abschreibungen auf Betriebs- und G.ausstattung, indirekt	40
2. Abschreibungen auf Maschinen, direkt	3
3. Abschluß des Unterkontos: Erlösbericht./ Eigene Erzeugn.	2
4. Inventurbestand / Hilfsstoffe:	9
5. Inventurbestand / Unfertige Erzeugnisse	15
6. Inventurbestand / Fertigerzeugnisse	15
7. Privatabgrenzung / Betriebs-Pkw (hier: Buchung mit Eigenverbrauchkonto, keine Umsatzsteuer)	15
8. Abschluß des Privatkontos	...
9. Abschluß des Vorsteuerkontos	...
10. Abschluß des Umsatzsteuerkontos	...
11. Banküberweisung der Umsatzsteuer-Zahllast	...

Stimmen Sie die Soll- und Habensumme Ihres Journals ab!

(c) Entwickeln Sie nun die Abschlußübersicht und errechnen Sie dabei das Unternehmungsergebnis.

Kto-Nr.	ABSCHLUSSÜBERS. Bezeichnung (Beträge in TEUR)	Summenbilanz S	H
0700	Technische Anlagen und Maschinen	54	17
0800	Betriebs- u. Geschäftsausstatt.	49	1
2000	Rohstoffe	34	7
2020	Hilfsstoffe	14	-
2100	Unfertige Erzeugnisse	18	-
2200	Fertigerzeugnisse	12	-
2400	Forderungen aus Lief. u. L.	38	13
2600	Vorsteuer	2	-
2650	Forderungen an Mitarbeiter......	1	1
2800	Bank	67	18
2880	Kasse	11	3
3000	Eigenkapital	-	160
3001	Privatkonto....................	2	-
3001	"............................	-	-
3610	Wertbericht.z.Sachanlagen....	6	12
4400	Verbindlichkeiten aus Lief. u.L.	-	43
4800	Umsatzsteuer	1	4
4800	"............................	-	-
4820	Umsatzsteuer-Verrechnungskonto .	-	-
4820	"............................	-	-
4830	So.Verb.g.Finanzbehörden	-	2
4840	Verb.g.Sozialversicher.trägern	-	3
5000	Umsatzerlöse für eigene Erzeugn.	-	66
5001	Erlösberichtig./Eigene Erzeugn.	2	-
5200	Bestandsveränderungen	-	-
5420	Eigenverbrauch	-	1
5420	"............................	-	-
5460	Erträge a.d.Abgang v. Sachanl.	-	3
6000	Aufwendungen für Rohstoffe	8	-
6020	Aufwendungen für Hilfsstoffe	-	-
6160	Fremdinstandhaltung	20	-
6200	Löhne	12	-
6400	Arbeitgeberant.z.Sozialversich.	1	-
6520	Abschreibungen auf Sachanlagen .	-	-
6520	"............................	-	-
6962	Verluste a.d.Abgang von Sachanl.	2	-
....	SUMME I	354	354
....	UNTERNEHMUNGSERGEBNIS	......	......
....	SUMME II	......	......

4.2 Aufgabe-Nr. 79 (Wertberichtigungs-Auflösung)

(a) Auf der nächsten Seite finden Sie die Abschlußübersicht für eine Industrieunternehmung, die Kontennummern sind entspr. dem Industriekontenrahmen (IKR'86) eingesetzt, die Summenbilanz ist bereits eingetragen (unsaldierte Kontensummen). Alle Beträge lauten auf Tausend EUR (TEUR), als Umsatzsteuer-Satz ist 10% angenommen. Materialkonten: Fortschreibungsrechnung, Fabrikatekonten: Befundrechnung. Das bis zum Jahresende geführte Wertberichtigungskonto soll wegen der neuen Rechnungslegung aufgelöst werden.

(b) Tragen Sie zunächst in ein Journal die Buchungssätze für die Umbuchungen entsprechend den Abschlußangaben ein:

		TEUR
1.	Zielverkauf eines nicht mehr benötigten Generators	
	- Verkaufspreis / netto	160
	- Anschaffungskosten	240
	- Bisherige Wertberichtigungen	48
2.	Abschreibung der verbleibenden Maschinen (indirekt)	160
3.	Abschreibung der Betriebs- und G.Ausst. (indirekt)	80
4.	Auflösung der Wertberichtigungen (Maschinen)	588
5.	Auflösung der Wertberichtigungen (Betr.u.G.A.)	196
6.	Umsatzbonus vom Rohstofflieferer, brutto (Verrechnung mit unseren Verbindlichkeiten)	176
7.	Abschluß des Unterkontos: Bezugskosten	...
8.	Abschluß des Unterkontos: Lieferernachlässe	...
9.	Treuebonus an Stammkunden, brutto (Zugang von Verbindlichk. a. Lief. u. Leist.)	352
10.	Abschluß des Unterkontos: Erlösberichtigungen	...
11.	Inventurdifferenz / Rohstoffe	48
12.	Inventurbestand / Unfertige Erzeugnisse	608
13.	Inventurbestand / Fertigerzeugnisse	608
14.	Verrechnung des Vorsteuerguthabens	...
15.	Verrechnung der Umsatzsteuerschuld	...
16.	Aktivierung bzw. Passivierung des Saldos des Umsatzsteuer-Verrechnungskontos	...

(c) Entwickeln Sie nun die Abschlußübersicht und errechnen Sie dabei das Unternehmungsergebnis.

Kto-Nr.	A B S C H L U S S Ü B E R S. Bezeichnung (Beträge in TEUR)	Summenbilanz S	H
0700	Technische Anlagen und Maschinen	2240	-
0700	"............................	-	-
0800	Betriebs- u. Geschäftsausstattung	880	224
2000	Rohstoffe	8320	76
2000	"............................	-	-
2001	Bezugskosten / Rohstoffe	400	64
2002	Nachlässe / Rohstoffe	-	352
2100	Unfertige Erzeugnisse	512	-
2200	Fertigerzeugnisse	656	-
2400	Forderungen aus Lief. u. L.	3760	3168
2600	Vorsteuer	1165	11
2600	"............................	-	-
2660	Andere sonstige Forderungen	-	-
2800	Bank	3240	1800
2880	Kasse	120	40
3000	Eigenkapital	-	7376
3610	Wertberichtigungen zu Sachanlagen	-	592
3610	"............................	-	-
3610	"............................	-	-
4400	Verbindlichkeiten aus Lief. u. L.	1640	8913
4800	Umsatzsteuer	1	470
4800	"............................	-	-
4820	Umsatzsteuer-Verrechnungskonto ..	-	-
4820	"............................	-	-
4890	Übrige sonstige Verbindlichkeiten	200	240
5000	Umsatzerlöse für eigene Erzeugn.	-	3360
5001	Erlösbericht. / Eigene Erzeugn.	512	-
5200	Bestandsveränderungen	-	-
6000	Aufwendungen für Rohstoffe	1680	-
6520	Abschreibungen auf Sachanlagen ..	-	-
6520	"............................	-	-
6962	Verluste a.d. Abgang / Sachanl.	-	-
7510	Zinsaufwendungen	1360	-
....	S U M M E I	26686	26686
....	UNTERNEHMUNGSERGEBNIS	.....	......
....	S U M M E II	.....	......

4.3 Aufgabe-Nr. 80 (Pauschallohnsteuer)

(a) Auf der nächsten Seite finden Sie die Abschlußübersicht für eine Industrieunternehmung, die Kontennummern sind entspr. dem Industriekontenrahmen (IKR'86) eingesetzt, die Summenbilanz ist bereits eingetragen (unsaldierte Kontensummen). Alle Beträge lauten auf Tausend EUR (TEUR), als Umsatzsteuer-Satz ist 10% angenommen. Materialkonten: Fortschreibungsrechnung, Fabrikatekonten: Befundrechnung.

(b) Tragen Sie zunächst in ein Journal die Buchungssätze für die Umbuchungen entsprechend den Abschlußangaben ein:

	TEUR
1. Abschreibungen auf Betriebs- und Gesch.ausstatt.,direkt	2
2. Abschreibungen auf Maschinen, indirekt	3
3. Abschluß des Unterkontos: Bezugskosten / Rohstoffe	...
4. Inventurbestand / Unfertige Erzeugnisse	5
5. Inventurbestand / Fertigerzeugnisse	11
6. Abschluß des Privatkontos	...
7. Abschluß des Vorsteuerkontos	...
8. Abschluß des Umsatzsteuerkontos	...
9. Banküberweisung der Umsatzsteuer-Zahllast	...

Stimmen Sie die Soll- und Habensumme dieses Journals ab!

(c) Entwickeln Sie nun die Abschlußübersicht und errechnen Sie dabei das Unternehmungsergebnis.

Kto-Nr.	ABSCHLUSSÜBERS. Bezeichnung (Beträge in TEUR)	Summenbilanz S	Summenbilanz H
0700	Technische Anlagen und Maschinen	100	......
0800	Betriebs- u. Geschäftsausstatt.	45	......
2000	Rohstoffe	46	22
2001	Bezugskosten / Rohstoffe	1	......
2100	Unfertige Erzeugnisse	8	......
2200	Fertigerzeugnisse	10	......
2400	Forderungen aus Lief. u. L.	73	5
2600	Vorsteuer	1	......
2800	Bank	38	23
2880	Kasse	17	3
3000	Eigenkapital	......	220
3001	Privatkonto....................	4	......
3610	Wertbericht.z.Sachanlagen....	......	-
4400	Verbindlichkeiten aus Lief. u.L.	12	47
4800	Umsatzsteuer	......	6
4820	Umsatzsteuer-Verrechnungskonto .	......	......
4820	"..............................	......	......
4830	Sonst.Verbindl.g.Finanzbeh.	......	2
5000	Umsatzerlöse für eigene Erzeugn.	......	60
5200	Bestandsveränderungen	......	......
5420	Eigenverbrauch	......	1
6000	Aufwendungen für Rohstoffe	22	......
6200	Löhne	10	......
6520	Abschreibungen auf Sachanlagen .	......	......
6520	"..............................	......	......
6800	Büromaterial	1	......
7090	Sonstige betriebl. Steuern	1	......
....	S U M M E I	389	389
....	UNTERNEHMUNGSERGEBNIS	......	......
....	S U M M E II	......	......

4.4 Aufgabe-Nr. 81 (Vorsteuerüberhang)

(a) Auf der nächsten Seite finden Sie die Abschlußübersicht für eine Industrieunternehmung, die Kontennummern sind entspr. dem Industriekontenrahmen (IKR'86) eingesetzt, die Summenbilanz ist bereits eingetragen (unsaldierte Kontensummen). Alle Beträge lauten auf Tausend EUR (TEUR), als Umsatzsteuer-Satz ist 10% angenommen. Materialkonten: Fortschreibungsrechnung, Fabrikatekonten: Befundrechnung.

(b) Tragen Sie zunächst in ein Journal die Buchungssätze für die Umbuchungen entsprechend den Abschlußangaben ein:

		TEUR
1.	Zielverkauf einer nicht mehr benötigten Werkzeugmaschine	
	- Verkaufspreis / netto	80
	- Anschaffungskosten	120
	- Bisherige Wertberichtigungen	24
2.	Abschreibung der verbleibenden Maschinen (indirekt)	80
3.	Abschreibung der Betriebs- und G.Ausst. (indirekt)	40
4.	Privatabgrenzung / Betriebs-Pkw (hier: Buchung mit Eigenverbrauchskonto, keine USt)	5
5.	Abschluß des Privatkontos	...
6.	Umsatzbonus vom Rohstofflieferer, brutto (Verrechnung mit unseren Verbindlichkeiten)	88
7.	Abschluß des Unterkontos: Bezugskosten	...
8.	Abschluß des Unterkontos: Lieferernachlässe	...
9.	Treuebonus an Stammkunden, brutto (Zugang von Verbindlichk. a. Lief. u. Leist.)	176
10.	Abschluß des Unterkontos: Erlösberichtigungen	...
11.	Inventurdifferenz / Rohstoffe	24
12.	Inventurbestand / Unfertige Erzeugnisse	304
13.	Inventurbestand / Fertigerzeugnisse	304
14.	Verrechnung des Vorsteuerguthabens	...
15.	Verrechnung der Umsatzsteuerschuld	...
16.	Aktivierung bzw. Passivierung des Saldos des Umsatzsteuer-Verrechnungskontos	...

Stimmen Sie die Soll- und Habensumme dieses Journals ab!

(c) Entwickeln Sie nun die Abschlußübersicht und errechnen Sie dabei das Unternehmungsergebnis.

Kto-Nr.	A B S C H L U S S Ü B E R S . Bezeichnung (Beträge in TEUR)	Summenbilanz S	Summenbilanz H
0700	Technische Anlagen und Maschinen	1120	-
0700	".............................	-	-
0800	Betriebs- u. Geschäftsausstattung	440	112
2000	Rohstoffe	4160	38
2000	".............................	-	-
2001	Bezugskosten / Rohstoffe	200	32
2002	Nachlässe / Rohstoffe	-	176
2100	Unfertige Erzeugnisse	256	-
2200	Fertigerzeugnisse	328	-
2400	Forderungen aus Lief. u. L.	1880	1584
2600	Vorsteuer	582	6
2600	".............................	-	-
2660	Andere sonstige Forderungen	-	-
2800	Bank	1620	900
2880	Kasse	60	20
3000	Eigenkapital	-	3706
3001	Privatkonto	19	1
3610	Wertberichtig.zu Sachanlagen	-	296
3610	".............................	-	-
4400	Verbindlichkeiten aus Lief. u. L.	820	4456
4800	Umsatzsteuer	1	235
4800	".............................	-	-
4820	Umsatzsteuer-Verrechnungskonto ..	-	-
4820	".............................	-	-
4890	Übrige sonstige Verbindlichkeiten	100	120
5000	Umsatzerlöse für eigene Erzeugn.	-	1680
5001	Erlösbericht. / Eigene Erzeugn.	256	-
5200	Bestandsveränderungen	-	-
5420	Eigenverbrauch	......-	......-........
6000	Aufwendungen für Rohstoffe	840	-
6520	Abschreibungen auf Sachanlagen ..	-	-
6520	".............................	-	-
6962	Verluste a.d. Abgang / Sachanl.	-	-
7510	Zinsaufwendungen	680	-
....	S U M M E I	13362	13362
....	UNTERNEHMUNGSERGEBNIS	.....	......
....	S U M M E II	.....	......

5 BEWERTUNGSAUFGABEN

5.1 Aufgabe-Nr. 82 (Inventar / Bilanzanalyse)

Bei einem Betrieb liegt am Jahresende ein Inventar (Auszug) vor, das im Lehrbuch auf Seite 44, Beispiel 1 dargestellt ist.

a) Erstellen Sie aufgrund dieser Angaben eine Jahresbilanz. Es genügt die Strukturbilanz mit den Positionen: Anlagevermögen, Umlaufvermögen, Eigenkapital und Fremdkapital.
b) Errechnen Sie folgende Bilanzkennzahlen:
   1. Anlageintensität: Anlagevermögen in % des Gesamtvermögens
   2. Eigenkapitalquote: Eigenkapital in % des Gesamtkapitals

5.2 Aufgabe-Nr. 83 (Bilanzveränderungen)

Bei einem Betrieb liegt die nachstehende Eröffnungsbilanz vor:

A	Eröffnungsbilanz (EUR)		P
Betriebsausst.	4500	Eigenkapital	4000
Kasse	3000	Lfr.Bankdarlehen	2500
		Kontoschuld	1000
	7500		7500

a) Bilden Sie die Bilanz nach dem folgendem Geschäftsfall und errechnen Sie die Bilanzsumme:
   - Zielkauf von Waren im Werte von 3500 EUR
   Um welche Art von Geschäftsfällen (Bilanzveränderungen) handelt es sich?
b) Wie verändert sich die Bilanz und die Bilanzsumme von a) durch den folgenden Geschäftsfall
   - Zurückzahlung des lfr. Bankdarlehens in bar
   Um welche Art von Geschäftsfällen (Bilanzveränderungen) handelt es sich?

5.3 Aufgabe-Nr. 84 (Betriebsvermögensvergleich bei Minuskapital)

Für eine mittelständische Unternehmung (Einzelkaufmann) liegen nachstehende Daten vor:

			EUR
B_{t-1}	(Betriebsvermögen am Ende des Vorjahres)	./.	100.000
B_t	(Betriebsvermögen am Ende des Berichtsjahres		50.000
EL	(Privateinlagen im Berichtsjahr)		20.000
EN	(Privatentnahmen im Berichtsjahr)		70.000

Wie hoch ist der Gewinn im Berichtsjahr nach dem Betriebsvermögens-Vergleich?

Formel: $G = B_t - B_{t-1} + EN - EL$

5.4 Aufgabe-Nr. 85 (Sammelbewertung)

Bei einem Betrieb liegen die nachstehenden Angaben in der Lagerbuchhaltung vor:

- Einkäufe:

Anfangsbestand	am 01.01.2000	500 St	à	50 EUR =	25000 EUR
Zugang	am 23.04.2000	350 St	à	57 EUR =	19950 EUR
Zugang	am 07.09.2000	510 St	à	41 EUR =	20910 EUR
Zugang	am 07.09.2000	600 St	à	63 EUR =	37800 EUR
Summe		1960 St			103660 EUR

- Verkäufe:

Abgang	am 01.02.2000	165 St	à	65 EUR =	10725 EUR
Abgang	am 01.10.2000	1195 St	à	65 EUR =	77675 EUR
Abgang	am 22.12.2000	50 St	à	65 EUR =	3250 EUR
Summe		1410 St			91650 EUR

- Inventurbestand: 550 St

Die zu unterschiedlichen Anschaffungskosten zugegangenen Lieferungen des Artikels wurden in einem Fach gelagert. Das Unternehmensergebnis soll möglichst niedrig ausgewiesen werden.

Errechnen Sie aufgrund dieser Daten
a) Wert des Bestandes in der Handelsbilanz (Endbestand)
b) Unternehmensergebnis (Weiterer Aufwand außer dem Wareneinsatz/ Befundrechnung ist nicht zu berücksichtigen)

5.5 Aufgabe-Nr. 86 (Euro-Umstellungsbilanz)

- Erstellen Sie für die nachstehende DM-Schlußbilanz eine Euro-Umstellungsbilanz nach den EU-Verordnungen (1 EUR = 1,95583 DM)! (Bei den Währungsbeträgen die vierte und weitere Stellen nach dem Komma "Abschneiden"). Eine eventuelle, rundungsbedingte Differenz von Aktivsumme und Passivsumme ist erfolgsneutral mit dem Eigenkapital zu verrechnen.

- Wieviel beträgt das Eigenkapital in der Euro-Umstellungsbilanz sowie die Summe der Euro-Bilanz?

A	DM-Schlußbilanz		P
Anlagevermögen	92.796,22	Eigenkapital	73.725,65
Umlaufvermögen	109.310,13	Fremdkapital	128.380,70
		....	
	202.106,35		202.106,35

5.6 Aufgabe-Nr. 87 (Euro-Rücklage / Währungsumrechnung)

- Erstellen Sie die Bilanzen 1998 und 1999 in DEM in T-Konto-Form! Einziger Vermögenswert ist die Forderung "Paris" v. 1.5.1998, das Eigenkapital und die Bilanzsummen sind entsprechend einzusetzen.
  Forderung (1.5.98) 200.000 FRF
  Kurs am 1.5.98 / 31.12.1998: 100 FRF = 27,7777 DEM
  Kurse ab 1.1.99: 1 Euro = 1,95583 DEM = 6,55957 FRF
  Ein eventueller Umrechnungsgewinn soll als "Eurorücklage" in die Bilanz eingestellt werden.

- Wieviel beträgt die Forderung in der Bilanz 1998 sowie eine eventuelle Eurorücklage in der Bilanz 1999?

5.7 Aufgabe-Nr. 88 (Anschaffungskosten / Wertpapiere)

Bei einem Industriebetrieb liegen die nachstehenden Angaben über Wertpapiergeschäfte des abgelaufenen Geschäftsjahres vor (Wertpapiere des Umlaufvermögens)

1. Kauf von 50 Stück Aktien der Industria-AG am 01.05.

Kurswert zusammen	15000 EUR
Kauf-Nebenkosten	203 EUR

2. Kauf von 100 Stück derselben Aktien am 01.09.

Kurswert zusammen	35000 EUR
Kauf-Nebenkosten	473 EUR

3. Verkauf von 140 Stück dieser Aktien wegen Kurssturz am 31.10.

Kurswert	31500 EUR
Verkauf-Nebenkosten	425 EUR

4. Kurs der Industria-Aktien am 31.12. pro Stück 210 EUR

Errechnen Sie
a) Den Verlust aus Wertpapiergeschäften im abgelaufenen Jahr
b) Den Wert des Wertpapierbestandes in der Handelsbilanz

5.8 Aufgabe-Nr. 89 (Dividendenerträge an Personengesellschaft)

Eine Personengesellschaft erhält die Dividende aus ihren Industria-Aktien auf dem Bankkonto gutgeschrieben. Daten:

- Eingang auf dem Bankkonto:	264,60 EUR
- Körperschaftsteuer-Gutschrift (30 % d. Bruttodiv.)	151,20 EUR
- Kapitalertragsteuer-Gutschrift (25 % d. Bardiv.)	88,20 EUR

Wieviel beträgt
a) Der zu verbuchende (zu versteuernde) Ertrag aus Wertpapieren?
b) Die vorläufige Nettodividende?

5.9 Aufgabe-Nr. 90 (Herstellungskosten / Wohnbau)

Ein Bauunternehmen war im abgelaufenen Jahr voll ausgelastet mit der Herstellung einer Wohnanlage, die erst im darauffolgenden Jahr verkauft wurde. Das Unternehmensergebnis im abgelaufenen Jahr soll möglichst günstig ausgewiesen werden. Für die Wohnanlage sind im abgelaufenen Jahr die nachstehenden Aufwendungen angefallen:

Aufwand	EUR
1. Sondereinzelkosten der Fertig. (Sonderausst.)	67.500
2. Materialeinzelkosten (Rohstoffe, Bauteile)	270.000
3. Lohneinzelkosten (Baulöhne)	405.000
4. Materialgemeinkosten (Lagerung, Transport)	108.000
5. Fertigungsgemeinkosten (Energiekosten)	94.500
6. Verwaltungsgemeinkosten (Verwaltungslöhne)	337.500
7. Vertriebsgemeinkosten (Vertriebslöhne)	67.500
Summe	1.350.000

Errechnen Sie aufgrund dieser Daten

a) Den Wertansatz für die Wohnanlage am Jahresende (Herstellungskosten-Obergrenze)

b) Das bestmögliche Unternehmensergebnis im abgelaufenen Jahr!

5.10 Aufgabe-Nr. 91 (Prozentsatz der degressiven Abschreibung)

- Über den Kauf eines neuen Betriebs-Pkw liegen folgende Daten vor:
  - Anschaffungskosten (brutto): 44.000 EUR
  - Vorsteuersatz (hier): 10 %
  - Betriebliche Nutzungsdauer: 4 Jahre
  - Restwert nach Abschreibung 12.500 EUR
  - Anschaffungsdatum: 1.3.

- Berechnen Sie den Prozentsatz für die degressive Abschreibung ! (Lösung nur der ganzzahlige Teil des Prozentsatzes)

- Formel: $p = 100 \left(1 - \sqrt[n]{R / A} \right)$

Abkürzungen: A = Anschaffungskosten (netto), R = Restwert
n = Nutzungsdauer (Jahre), p = Prozentsatz

5.11 Aufgabe-Nr. 92 (Abschreibungsverfahren / Übergang)

Bei einem Industriebetrieb liegen die nachstehenden Angaben über eine seit mehreren Jahren genutzte Werkzeugmaschine vor:

1.	Anschaffungskosten/Abschreib.bemess.grundlage	50.000 EUR
2.	Abschreibungsdauer	10 Jahre
3.	Abschreibungsverfahren (degressiv):	25 %

a) Welches ist das erste Nutzungsjahr, in welchem die lineare Abschreibung höhere Abschreibungsbeträge ergibt als die degressive Abschreibung?
   - Lösung: tabellarisch sowie mit der nachstehenden Formel :

$$\frac{1}{r_n} > \frac{p}{100}$$

rn = Restnutzungsdauer (Jahre)
1 - rn = Erstes Jahr mit gleich hoher oder höherer Abschreibung bei linearer AfA

b) Wie hoch ist der Restbuchwert der Maschine am Ende dieses Nutzungsjahres (nach dem Übergang)?

5.12 Aufgabe-Nr. 93 (Schwebende Geschäfte)

Bei einem Industriebetrieb liegen die nachstehenden Angaben über einen Rohstoffeinkauf vor:

1. Kaufvertrag (Bestellung) von 1000 kg Elektrolyt-Kupfer zu einem Preis von 29.-- EUR/kg am 31.10. Die Lieferung und Barzahlung soll Mitte Januar des nachfolgenden Jahres erfolgen.
2. Am Bilanzstichtag ist der Kupferpreis gefallen auf 23.- EUR/kg, mit einem weiteren Preisverfall ist zu rechnen.

a) Berechnen Sie den Wertansatz des Kupfers in der Handelsbilanz des abgelaufenen Jahres!

b) Wie hoch ist der absehbare Verlust aus diesem Geschäft? (Drohverlust-Rückstellung)

5.13 Aufgabe-Nr. 94 (Aktive latente Steuern)

Bei einem Industriebetrieb liegen die nachstehenden Angaben über die latente Steuerabgrenzung des abgelaufenen Geschäftsjahres vor:

- Vorläufiges Handelsbilanzergebnis (vor Steuern): 195.000 EUR
- Hypothekendisagio 15.000 EUR
- Hypothekendarlehen-Laufzeit 10 Jahre
- Ertragsteuer-Satz (Annahme) 60 %
- Handelsbilanz: Sofortverrechnung des Disagio als Zinsaufwand, Aktivierung der Steuerabgrenzung
- Steuerbilanz: Aktivierung des Disagios, Abschreibung auf die Laufzeit

a) Errechnen Sie das Handelsbilanzergebnis!
b) Führen Sie die latente Steuerabgrenzung durch!

5.14 Aufgabe-Nr. 95 (Beizulegender Wert)

Die Inventur eines Bratpfannen-Herstellers zum 31.12.1999 hat eine Bestandsmenge von 5000 St. Bratpfannen des Modells S1 ergeben. Die Bratpfannen sind aus Aluminium und müssen noch beschichtet werden. Aus dem Rechnungswesen liegen folgende Werte vor:

Im Berichtsjahr angefallene Herstellungskosten:	12,-- EUR/St.
Voraussichtlicher Verkaufserlös:	14,-- EUR/St.
Noch erforderliche Herstellungskosten (Beschichtung)	1,70 EUR/St.
Noch anfallende Verwaltungskosten:	2 % vom Umsatz
Noch anfallende Vertriebskosten (Fracht und Verpackung)	0,60 EUR/St.
Voraussichtliche Erlösschmälerungen (Garantieaufwend.)	3 % vom Umsatz

Berechnen Sie den Betrag, mit dem der Posten "Bratpfannen" in die Handelsbilanz aufzunehmen ist!

5.15 Aufgabe-Nr. 96 (Gewinnverteilung / KG)

Bei einem Industriebetrieb liegen die nachstehenden Angaben aus der Saldenbilanz des abgelaufenen Geschäftsjahres vor:

	EUR
1. Kapital/Gesellschafter A (Komplementär)	50.000
2. Privatkonto (Entnahmen)	1.850
3. Kapital/Gesellschafter B (Kommanditist)	7.500
4. Ausstehende Einlage/B	2.500
5. Gewinn	100.000

Der Gesellschaftsvertrag enthält folgende Bestimmungen zur Gewinnverteilung

1. Gesellschafter A erhält eine Tätigkeitsvergütung von 35.000,-- EUR
2. Vordividende: Jeder Gesellschafter erhält vorab eine Verzinsung von 4% auf das eingezahlte Kapital (ohne Berücksichtignung der Entnahmen)
3. Restgewinn: Dieser soll im Verhältnis 2:1 auf die Gesellschafter A:B aufgeteilt werden (persönliche Haftung bei A)

Errechnen Sie anhand einer Gewinnverteilungstabelle
- den Gewinnanteil von Gesellschafter A
- den Gewinnanteil von Gesellschafter B

5.16 Aufgabe-Nr. 97 (Jahresabschluß / AG)

Bei einem Industriebetrieb liegen die nachstehenden Angaben aus der Saldenbilanz des abgelaufenen Geschäftsjahres vor:

	TEUR
1. Gezeichnetes Kapital (einbez.)	75.000
2. Keine Kapitalrücklage, kein Gewinnvortrag	
3. Feststellung des Jahresabschlußes durch Vorstand / Aufsichtsrat	
4. Jahresüberschuß	12.500
5. Einstellung in Gewinnrücklagen	6.000

- Gewinnbeteiligung der Organe

1. Vorstandstantieme: 5% vom Bilanzgewinn
2. Aufsichtsrattantieme: 5% vom Bilanzgewinn abzüglich 4% Vordividende auf gezeichnetes Kapital

Errechnen Sie aufgrund dieser Daten:

a) Die Höhe der Vorstandstantieme
b) Die Höhe der Aufsichtsratstantieme

5.17 Aufgabe-Nr. 98 (Cash Flow als Ertrags- und Finanzindikator)

a) Bei einem Industrieunternehmen (AG) liegen die nachstehenden Daten aus der Jahreserfolgsrechnung vor. Erläuterungen:
- Cash Flow I = Cash Flow aus dem Umsatzbereich, unbereinigt
- Cash Flow II = Cash Flow aus dem Umsatzbereich, brutto, bereinigt

Beispiel AG (TEUR)	Vorjahr	Berichtsjahr
1. Bilanzgewinn	4.320	5.600
2. + Rücklagenerhöhungen	400	1.000
3. + Abschreibungen	3.940	2.940
4. + Rückstellungserhöhungen	120	200
5. = Cash Flow I	8.780	9.740
6. + Ertragsabhängige Steuern	2.140	2.760
7. + Außerordentlicher Aufwand	5.600	6.000
8. - Außerordentlicher Ertrag	-	200
9. = Cash Flow II	16.520	18.300
10. Umsatzerlöse	81.379	88.406
11. Jahresüberschuß (1. + 2. + 6.)	6.860	9.360

Berechnen Sie für das Vorjahr und für das Berichtsjahr jeweils die Umsatzrentabilität (Jahresüberschuß in % der Umsatzerlöse) sowie die Cash Flow-Umsatzrendite (Cash Flow II in % der Umsatzerlöse)! Wie beurteilen Sie die Entwicklung der Ertragslage dieser Unternehmung?

b) Bei dem genannten Unternehmen liegen weiterhin die folgenden Werte aus der Jahresbilanz vor:

Beispiel AG (TEUR)	Vorjahr	Berichtsjahr
1. Verzinsliches Langfristiges Fremdkapital	5.000	7.000
2. + Kurzfristige Rückstelllungen	814	930
3. + Kurzfristige Verbindlichkeiten	20.278	26.282
4. + Gewinnausschüttung	4.320	5.600
5. = "Wirtschaftliches Fremdkapital"	30.412	39.812
6. - Liquide Mittel	2.100	3.000
7. - Kurzfristige Forderungen	6.400	9.400
8. = "Effektives Fremdkapital"	21.912	27.412

Berechnen Sie für das Vorjahr und für das Berichtsjahr jeweils den Verschuldungsgrad II (Effektives Fremdkapital : Cash Flow II). Wie beurteilen Sie die Entwicklung der (längerfristigen) Finanzlage dieser Unternehmung?

5.18 Aufgabe-Nr. 99 (Kapitalkonsolidierung)

Eine Aktiengesellschaft (Mutterunternehmen) hat 100 % des Aktienkapitals einer anderen AG (Tochterunternehmen) erworben, weitere Beteiligungen sind nicht vorhanden. Für die Konzernbilanz stehen folgende (zusammengefaßte) Werte aus den Einzelbilanz der beiden Unternehmen bereit:

Bilanzposition (Beträge in TEUR)	Mutteruntern.	Tochterntern.
Beteiligung	200	-
Sonstige Aktiva	1.000	210
Summe Aktiva	1.200	210
Gezeichnetes Kapital	400	50
Rücklagen	50	20
Bilanzgewinn	150	15
Sonstige Passiva	600	125
Summe Passiva	1.200	210

Erstellen Sie eine Konzernbilanz in Form einer Konsolidierungstabelle.

- Kapitalkonsolidierung (Erstkonsolidierung): Buchwertmethode
- Die stillen Reserven beim Tochterunternehmen betragen 40 TEUR (bei den sonstigen Aktiva)

5.19 Aufgabe-Nr. 100 (Umsatzkonsolidierung)

Das einzige Tochterunternehmen eines Konzerns hat an das Mutterunternehmen selbst hergestellte Erzeugnisse geliefert, welche beim Mutterunternehmen weiterverarbeitet und an konzernfremde Dritte weiterverkauft wurden. Für die Konzern-Erfolgsrechnung stehen aus den Einzel-Erfolgsrechnungen die nachstehenden Daten bereit:

Position (Beträge in TEUR)	Mutteruntern.	Tochterntern.
Umsatzerlöse	800	620
Materialaufwand	620	500
Sonstiger Aufwand	80	20
Jahresüberschuß	100	100

Erstellen Sie eine Konzernerfolgsrechnung in Form einer Konsolidierungs-Tabelle! Führen Sie dabei die Konsolidierung der Innenumsätze durch (Verrechnung mit den Aufwendungen des Empfängers)!

5.20 Aufgabe-Nr. 101 (Bewegungsbilanz)

- Bei einer Kapitalgesellschaft hat sich die nachstehende, vereinfachte Bilanz ergeben (BJ = Berichtsjahr, VJ = Vorjahr)
- Erstellen Sie daraus die Veränderungsbilanz sowie die Bewegungsbilanz und berechnen Sie die Veränderung des Fonds "Zahlungsmittel"!

A Schlußbilanz (Beträge in TEUR) P

	BJ	VJ		BJ	VJ
Sachanlagevermögen	119	93	Eigenkapital	159	136
Finanzanlagen	50	55	Rückstellungen	33	26
Vorratsvermögen	70	89	Erhaltene Anzahlungen	28	20
Forderungen a. Liefer.	32	20	Verbindl. a. Liefer.	86	74
Zahlungsmittel	54	61	Verbindl. g. Bank	22	61
Aktive Rechn.abgrenz.	4	2	Passive Rechn.abgrenz.	1	3
Summe	329	320	Summe	329	320

(Fortsetzung nächste Seite)

6 TESTKLAUSUR MIT WERTE-MARKIERUNGEN

6.1 Deckblatt / Markieranweisungen

<table>
<tr><td rowspan="2">K L A U S U R

(Computer-Beleglesung)</td><td>Familienname:</td><td>Vorname:</td><td>Matrikel-N:</td></tr>
<tr><td>Semestergruppe:</td><td></td><td></td></tr>
</table>

Prüf.fach: Buchführung und Bilanzierung Termin: SS 99
1. Prüfer: Prof. Dr. Grimm-Curtius Bearbeit.zeit: 90 Min
2. Prüfer: Prof. Dr. Höng
Zugelass. Hilfsmittel: Rechenhilfsm., Gesetzestexte, DVO, Richtl.o.K.

Bearbeitungs-Hinweise
=====================

1. KLAUSUR-TEXT

- Füllen Sie auf dieser Seite mit Handschrift die Kopfzeilen aus.
- Prüfen Sie, ob Ihr Klausurtext: 10 Seiten enthält.

2. KLAUSUR-BOGEN (BELEG)

- Die Markierungen gehören zur Aufgabenstellung und sind in der Bearbeitungszeit berücksichtigt. Markieren mit kräftigen horizontalen Strichen! Fehlmarkierungen vollständig ausradieren.

- PRüFUNGSFACH, Name usw.: nur mit Handschrift ausfüllen

- MATRIKEL-NR. (6 Stellen): Ausfüllen mit Handschrift und mit Strich-Markierungen. Die führende Null Ihrer Matrikel-Nr. entfällt hier.

- KLAUSUR: Ausfüllen mit Handschrift und mit Strichmarkierungen

- Termin / Semester: SS
- Termin / Jahr (Semesterbeginn): 99
- Gruppe (Textversion): *************************** A **********
- Code / Fach-Nummer: *************************** B1 **********

- LÖSUNGEN IN MULTIPLE-CHOICE-FELDERN (Felder 1 - 3)

- Alle richtigen Alternativen (A, B, C, usw.) sind zu markieren

- LÖSUNGEN IN WERTE-FELDERN (X1 - X8, Y1 - Y4)

- Markiere in jedem Feld links beginnend, ggfs. 2 Felder fortlaufend
- Markiere positive Werte ohne Vorzeichen,negative Werte mit Vorzeichen
- Markiere Währungsbeträge mit Komma und 2 Nachkommastellen; bei der Hauptabschlußübersicht sind nur Ganzzahlen zu markieren (TDM)

3. Geben Sie den Klausurtext mit eingestecktem Klausurbogen ab. Der eingelesene Klausurbogen ist die einzige gültige Bewertungsunterlage

- Punkte: maximal 100 Punkte

6.2 Antwortbogen (Muster)

- Multiple Choice-Teil:

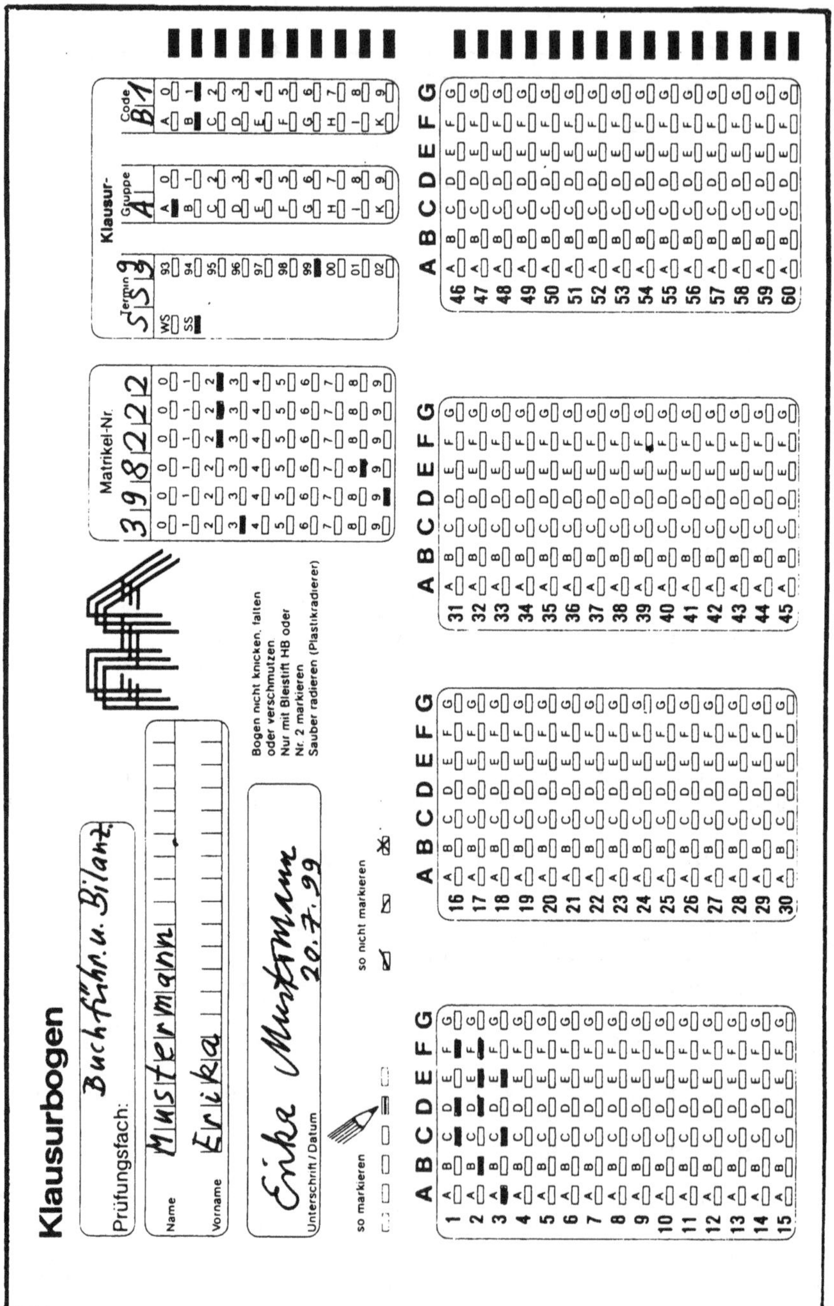

- Werte-Markierungen:

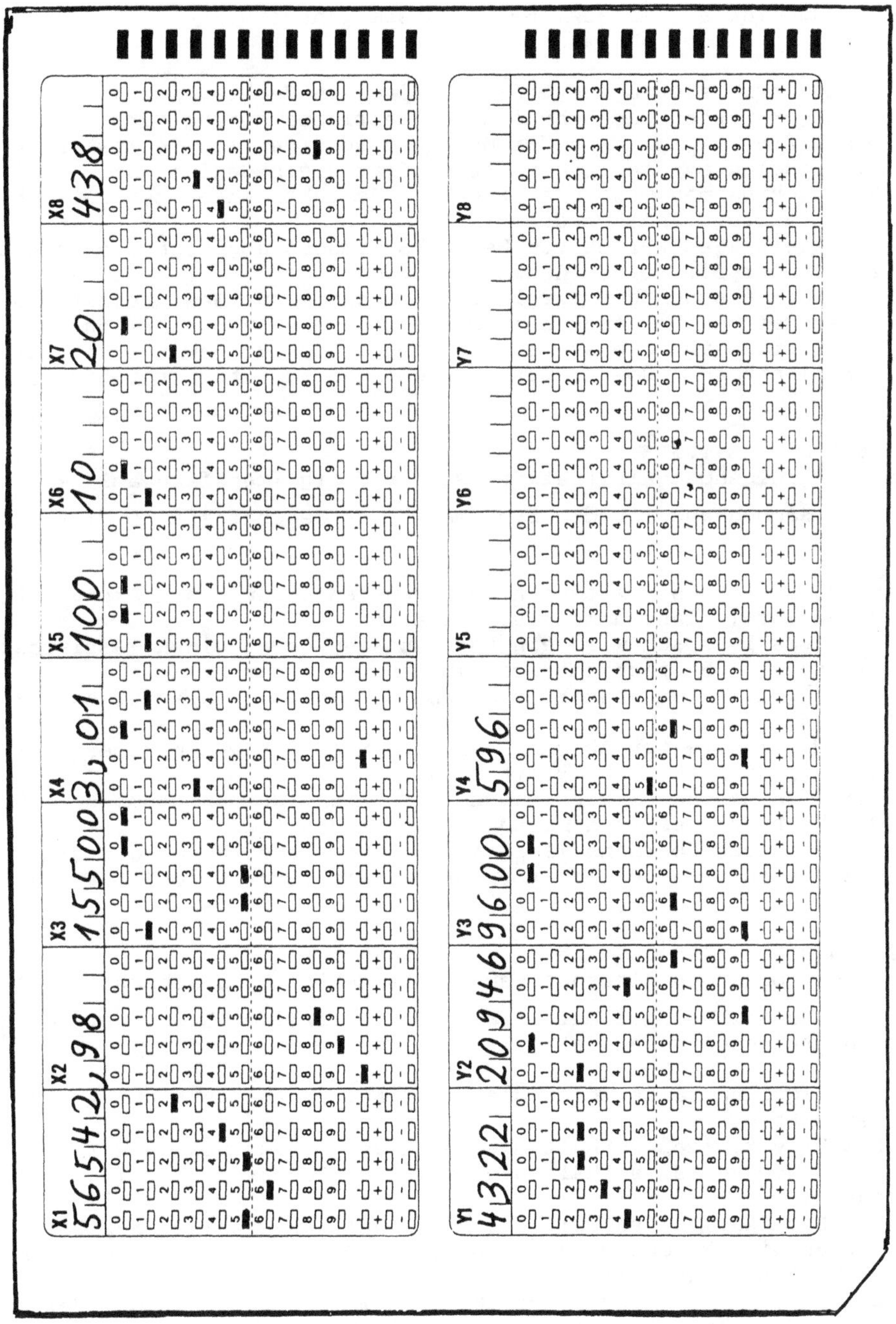

6.3 Aufg.Nr. 102 - 104 (Verbalfragen: Ergebnisverwendung)

A u f g a b e 102

Welche der folgenden Alternativen sind richtig (Mehrfachwahl) ?

Im Zusammenhang mit dem Betriebsvermögensvergleich (EStG) gilt:

A) Beim Betriebsvermögensvergleich wird ein Vergleich zwischen Vermögenswerten und Schulden des Betriebes durchgeführt
B) Die Differenz zwischen Vermögen und Schulden des Betriebes am Bilanzstichtag stellt den steuerpflichtigen Gewinn dar
C) Privatentnahmen müssen am Ende des Berichtsjahres zum Betriebsvermögen hinzugezählt werden
D) Privateinlagen werden vom Betriebsvermögen abgezogen, da sie nicht zum steuerpflichtigen Gewinn gehören
E) Der Betriebsvermögensvergleich wird nicht zur Gewinnermittlung verwendet bei Vorhandensein der Gewinn- und Verlustrechnung
F) Der Betriebsvermögensvergleich dient auch zur Gewinnermittlung bei der Einnahme- / Überschußrechnung (Jahresumsatz unter 500 TDM)

A u f g a b e 103

Welche der folgenden Alternativen sind richtig (Mehrfachwahl) ?

Im Zusammenhang mit der Systematik der Geschäftsfälle gilt:

A) Beim Passivtausch wird ein Passivposten gegen einen Aktivposten getauscht (Bilanzsumme bleibt gleich)
B) Beim Passivtausch wird ein Passivposten gegen einen Passivposten mit höherem Betrag getauscht (Bilanzverlängerung)
C) Bei der direkten Abschreibung auf Sachanlagen entsteht eine Bil.-verlängerung
D) Bei der indirekten Abschreibung auf Sachanlagen (Wertberichtigungen) entsteht ein Aktivtausch
E) Privatentnahmen sind erfolgsneutral, wenn der Entnahmewert gleich dem Buchwert des entnommenen Gegenstandes ist
F) Der Vorsteuerüberhang (anrechenbare Vorsteuer höher als die Umsatzsteuerschuld) ist kein erfolgswirksamer Geschäftsvorfall

A u f g a b e 104

Welche der folgenden Alternativen sind richtig (Mehrfachwahl) ?

Im Zusammenhang mit der Bilanz nach teilweiser Ergebnisverwendung (Kapitalgesellschaften) gilt:

A) Das Eigenkapital enthält die Position: Jahresüberschuß / Jahresfehlbetrag
B) Das Eigenkapital enthält die Position: Gewinnrücklagen / alt
C) Das Eigenkapital enthält die Position: Sonderposten mit Rücklageanteil
D) Das Eigenkapital enthält die Position: Gezeichnetes Kapital
E) Der an die Aktionäre auszuschüttende Betrag wird in die Gewinnrücklagen eingestellt
F) Die Hauptversammlung einer AG kann im Beschluß über die Verwendung des Bilanzgewinns weitere Beträge in Gewinnrücklagen einstellen

6.4 Aufg.Nr. 105 - 106 (Bewertung: Wertpapiere)

A u f g a b e n b l o c k (105 - 106)

a) Bei einem Betrieb liegen die nachstehenden Angaben über Wertpapiergeschäfte vor:

- Kauf von Aktien der Industria AG am 02.01. des Geschäftsjahres: (Stückaktien)

Anzahl:	1000 Stück
Ankaufskurs	21,77 EUR
Kurswert zusammen	21.770,-- EUR
Kauf-Nebenkosten(Bankprovision usw.)	235,12 EUR

- Beim Dividendentermin am 03.09. des Geschäftsjahres erhielt der Betrieb folgendes gutgeschrieben:

Netto-Dividende für diese Aktien (Überweis.betrag)	315,-- EUR
Körperschaftsteuer-Gutschrift, hierzu	180,-- EUR
Kapitalertragsteuer-Gutschrift, hierzu	105,-- EUR

- Am Bilanzstichtag betrug der Kurs der Industria Aktien: 20,51 EUR

b) Errechnen Sie folgende Beträge, die der Buchhalter verbuchen muß:

- "Erträge aus Wertpapieren" beim Dividenden-Eingang
- Bestand an "Wertpapieren des Umlaufvermögens" zum Bilanzstichtag

....

....

....

....

....

....

....

....

A u f g a b e 105

Markieren Sie in dem Wertefeld X1:
(Links beginnen, hier nur Ganzzahl)

- Wieviel betragen die "Erträge aus Wertpapieren"

A u f g a b e 106

Markieren Sie in dem Wertefeld X2:
(Links beginnen, hier nur Ganzzahl)

- Wieviel beträgt der Bestand an Wertpapieren des Umlaufvermögens?

6.5 Aufg.Nr. 107 - 111 (Buchungssätze: Ingangsetzung)

A u f g a b e n b l o c k (107 - 111)

Tragen Sie zunächst im untenstehenden Journal die zutreffenden Buchungssätze ein für d. folgenden Geschäftsfälle eines Industriebetriebes! Verwenden Sie dabei den Übungskontenplan gemäß IKR im Anhang, als Umsatzsteuer-Satz wird 10% angenommen. Umsatzsteuer-Berichtigung: Nettoverfahren; Fabrikate: Befundrechnung.

		EUR
1.	Banküberweisung für Werbeanzeige wegen Erweiterung des Geschäftsbetriebes (Aktivieren!), brutto	8250
2.	Durch die Aktivierung bei 1. entsteht ein latenter Steuerbetrag. Rückstellungspflicht!	4500
3.	Zieleinkauf von Rohstoffen, netto	1500
4.	Banküberweisung an den Lieferanten von 3. unter Abzug von 2% Skonto	
5.	Privatentnahme von Fertigerzeugnissen, netto	500

B U C H U N G S S Ä T Z E

GF-Nr.	Konto-Nr.	Konto-Bezeichnung	Betrag an (EUR)	Konto-Nr.	Konto-Bezeichnung	Betrag (EUR)

Raum für Entwürfe:

....

....

....

....

....

....

....

....

....

A U F G A B E 107
Markieren Sie im Wertefeld X1!
(Links beginnen, 4-stellige Konto-Nummer)

- Geschäftfall 1: Unter welcher Konto-Nummer wird der Nettobetrag verbucht?

A U F G A B E 108
Markieren Sie im Wertefeld X2!
(Links beginnen, 4-stellige Konto-Nummer)

- Geschäftsfall 2: Unter welcher Konto-Nummer hat die Sollbuchung zu erfolgen?

A U F G A B E 109
Markieren Sie im Wertefeld X3!
(Links beginnen, 4-stellige Konto-Nummer)

- Geschäftsfall 3: Unter welcher Konto-Nummer wird der Bruttobetrag verbucht?

A U F G A B E 110
Markieren Sie im Wertefeld X4!
(Links beginnen, 4-stellige Konto-Nummer)

- Geschäftsfall 4: Unter welcher Konto-Nummer erfolgt die Sollbuchung?

A U F G A B E 111
Markieren Sie im Wertefeld X5!
(Links beginnen, 4-stellige Konto-Nummer)

- Geschäftsfall 5: Unter welcher Konto-Nummer wird der Nettobetrag verbucht?

6.6 Aufg.Nr. 112 - 116 (Buchungsgang: Erlösberichtigungen)

A u f g a b e n b l o c k (112 - 116)

(a) Tragen Sie die Anfangsbestände vor aus der Eröffnungsbilanz in die bereits angelegten Hauptbuchkonten (T-Konten)!

A	Eröffnungsbilanz zum 31. 12. 19...	(EUR)	P
T.A.u.Masch.	52800	Eigenkapital	89760
A.A.u.B.G.A.	19800	Wertb.z.S.A.	16500
Rohstoffe	9900	Verb.a.L.u.L.	21120
Hilfsstoffe	7920	Sonst.Verb.	330
Unfert.Erz.	8580		
Fertigerz.	825		
Ford.a.L.u.L.	16500		
And.so.Ford.	165		
Bank	7920		
Kasse	3300		
Summe	127710		127710

(b) Tragen Sie die nachstehenden Buchungssätze der laufenden Geschäftsfälle ein in die Hauptbuchkonten, jeweils unter Angabe von Geschäftsfall-Nr. (1., 2., 3., usw.) und Betrag! Die Kontennummern wurden eingesetzt entsprechend dem Kontenplan gemäß IKR im Anhang, als Umsatzsteuer-Satz wurde 10% angenommen. Beträge: Volle EUR.

			EUR				EUR
1.	2000	Rohstoffe	3300	an	4400	Verb.a.L.u.L.	3630
	2600	Vorsteuer	330				
2.	2880	Kasse	583	an	0700	T.A.u.Masch.	660
	6962	Verl.a.A./S.A.	130		4800	Umsatzsteuer	53
3.	2400	Ford.a.L.u.L.	23991	an	5000	Ums.erl./E.E.	21810
					4800	Umsatzsteuer	2181
4.	5001	Erlösb./E.E.	150	an	2400	Ford.a.L.u.L.	165
	4800	Umsatzsteuer	15				
5.	3001	Privatkonto	825	an	2880	Kasse	825
6.	6200	Löhne	8166	an	2800	Bank	7680
					4890	Sonst.Verb.	486
7.	6400	Soz.Abgaben	816	an	4890	Sonst.Verb.	816
		Summe:	38306			Summe:	38306

(c) Tragen Sie zunächst im nebenstehenden Journal die vorbereitenden u. endgültigen Abschlußbuchungen ein gemäß den Abschlußangaben (Geschäftsfall-Nr.:a., b., c., usw.). Führen Sie dann auf den Hauptbuchkonten die Abschlußbuchungen durch, jeweils unter Angabe von Geschäftsfall-Nr. und Betrag (auf den Abschlußkonten auch Angabe des Gegenkontos). Es können Sammelbuchungssätze verwendet werden.

	EUR
- Abschreibung der Betr.- und Gesch.ausstattung (direkt)	396
- Abschreibung der Maschinen (indirekt)	5214
- Materialkonten: Befundrechung!	
- Inventurbestand / Rohstoffe	7590
- Inventurbestand / Hilfsstoffe	330
- Fabrikatekonten: Befundrechnung!	
- Inventurbestand / Unfertige Erzeugnisse	5280
- Inventurbestand / Fertigerzeugnisse	18480
- Die Umsatzsteuer-Zahllast ist auf dem Verrechnungskonto zu ermitteln und zu passivieren!	

(d) Vergessen Sie nicht die Fragen auf der Seite nach der Schlußbilanz sowie Ihre Markierungen im Beleg!

B U C H U N G S S Ä T Z E

GF. Nr.	Konto Nr.	Konto-Bezeichnung	Betrag (EUR)	an	Konto Nr.	Konto-Bezeichnung	Betrag (EUR)

S 0700 T.A.u.Masch. H

S 0800 A.A.u.B.G.A. H

S 2000 Rohstoffe H

S 2020 Hilfsstoffe H

S 2100 Unfert.Erz. H

S 2200 Fertigerz. H

S 2400 Ford.a.L.u.L. H

S 2600 Vorsteuer H

S 2660 And.so.Ford. H

S 2800 Bank H

```
S          2880 Kasse            H    S         3000 Eigenkapital        H
==================================    ==================================
------ -------  |  ------ -------    ------ -------  |  ------ -------
------ -------  |  ------ -------    ------ -------  |  ------ -------
------ -------  |  ------ -------    ------ -------  |  ------ -------
------ -------  |  ------ -------    ------ -------  |  ------ -------
------ -------  |  ------ -------    ------ -------  |  ------ -------
------ -------  |  ------ -------    ------ -------  |  ------ -------
------ -------  |  ------ -------    ------ -------  |  ------ -------
------ -------  |  ------ -------    ------ -------  |  ------ -------
------ -------  |  ------ -------    ------ -------  |  ------ -------

S       3001 Privatkonto         H    S         3610 Wertb.z.S.A.        H
==================================    ==================================
------ -------  |  ------ -------    ------ -------  |  ------ -------
------ -------  |  ------ -------    ------ -------  |  ------ -------
------ -------  |  ------ -------    ------ -------  |  ------ -------
------ -------  |  ------ -------    ------ -------  |  ------ -------
------ -------  |  ------ -------    ------ -------  |  ------ -------
------ -------  |  ------ -------    ------ -------  |  ------ -------
------ -------  |  ------ -------    ------ -------  |  ------ -------
------ -------  |  ------ -------    ------ -------  |  ------ -------
------ -------  |  ------ -------    ------ -------  |  ------ -------

S       4400 Verb.a.L.u.L.       H    S         4800 Umsatzsteuer        H
==================================    ==================================
------ -------  |  ------ -------    ------ -------  |  ------ -------
------ -------  |  ------ -------    ------ -------  |  ------ -------
------ -------  |  ------ -------    ------ -------  |  ------ -------
------ -------  |  ------ -------    ------ -------  |  ------ -------
------ -------  |  ------ -------    ------ -------  |  ------ -------
------ -------  |  ------ -------    ------ -------  |  ------ -------
------ -------  |  ------ -------    ------ -------  |  ------ -------
------ -------  |  ------ -------    ------ -------  |  ------ -------
------ -------  |  ------ -------    ------ -------  |  ------ -------

S       4820 UST-Verr.Ko.        H    S         4890 Sonst.Verb          H
==================================    ==================================
------ -------  |  ------ -------    ------ -------  |  ------ -------
------ -------  |  ------ -------    ------ -------  |  ------ -------
------ -------  |  ------ -------    ------ -------  |  ------ -------
------ -------  |  ------ -------    ------ -------  |  ------ -------
------ -------  |  ------ -------    ------ -------  |  ------ -------
------ -------  |  ------ -------    ------ -------  |  ------ -------
------ -------  |  ------ -------    ------ -------  |  ------ -------
------ -------  |  ------ -------    ------ -------  |  ------ -------
------ -------  |  ------ -------    ------ -------  |  ------ -------

S       5000 Ums.erl./E.E.       H    S         5001 Erlösb./E.E.        H
==================================    ==================================
------ -------  |  ------ -------    ------ -------  |  ------ -------
------ -------  |  ------ -------    ------ -------  |  ------ -------
------ -------  |  ------ -------    ------ -------  |  ------ -------
------ -------  |  ------ -------    ------ -------  |  ------ -------
------ -------  |  ------ -------    ------ -------  |  ------ -------
------ -------  |  ------ -------    ------ -------  |  ------ -------
------ -------  |  ------ -------    ------ -------  |  ------ -------
------ -------  |  ------ -------    ------ -------  |  ------ -------
------ -------  |  ------ -------    ------ -------  |  ------ -------
```

S 5200 Best.veränd. H

S 6000 Aufw.f.R.St. H

S 6020 Aufw.f.H.St. H

S 6200 Löhne H

S 6400 Soz.Abgaben H

S 6520 Ab.a.S.A. H

S 6962 Verl.a.A./S.A. H

S 8010 Schlußbil.K. H

S 8020 G.u.V.-Konto H

Raum für Entwürfe:

....

....

....

....

....

....

....

....

....

A U F G A B E 112
Markieren Sie im Wertefeld X1!
(Links beginnen)

- Konto-Nr. 5200: Wieviel beträgt die Kontensumme nach dem Abschluß?

A U F G A B E 113
Markieren Sie im Wertefeld X2!
(Links beginnen)

- Konto-Nr. 6000: Wieviel beträgt die Kontensumme nach dem Abschluß?

A U F G A B E 114
Markieren Sie im Wertefeld X3!
(Links beginnen)

- Konto-Nr. 6520: Wieviel beträgt die Kontensumme nach dem Abschluß?

A U F G A B E 115
Markieren Sie im Wertefeld X4!
(Links beginnen)

- Konto-Nr. 8020: Wieviel beträgt die Kontensumme nach dem Abschluß?

A U F G A B E 116
Markieren Sie im Wertefeld X5!
(Links beginnen)

- Konto-Nr. 8010: Wieviel beträgt die Kontensumme nach dem Abschluß?

6.7 Aufg.Nr. 117 - 124 (Abschlußübersicht: Delcredere-Bildung)

A u f g a b e n b l o c k (117 - 124)

(a) Auf der übernächsten Seite finden Sie die Abschlußübersicht für eine Industrieunternehmung, die Kontennummern sind entspr. dem neuen Industriekontenrahmen (IKR'86) eingesetzt, die Summenbilanz ist bereits eingetragen (unsaldierte Kontensummen). Alle Beträge lauten auf Tausend EUR (TEUR), als Umsatzsteuer-Satz ist 10% angenommen. Materialkonten: Fortschreibungsrechnung, Fabrikatekonten: Befundrechnung.

(b) Tragen Sie zunächst im nebenstehenden Journal die Buchungssätze ein für die Umbuchungen entsprechend den Abschlußangaben:

		TEUR
1.	Es soll erstmalig eine Pauschalwertberichtigung zu Forderungen gebildet werden, diese soll betragen: - 5 % des Forderungsbestandes am Jahresende, netto	...
2.	Abschreibungen auf Techn. Anlagen und Maschinen, ind.	22
3.	Abschreibung der Betriebs- und G.Ausst., indirekt	7
4.	Ein Hypothekdisagio soll aktiviert werden, Betrag: Das Disagio ist während des Jahres als Zinsaufwendungen verbucht worden.	2
5.	Privatabgrenzung Betriebs-Pkw (hier: Buchung mit Eigenverbrauchskonto, keine Umsatzsteuer)	5
6.	Umsatzbonus vom Rohstofflieferer (brutto) (Verrechnung mit unseren Verbindlichkeiten)	22
7.	Abschluß des Unterkontos: Bezugskosten	...
8.	Abschluß des Unterkontos: Lieferernachlässe	...
9.	Treuebonus an Stammkunden (brutto) (Zugang von Verbindlichk. a. Lief. u. Leist.)	27
10.	Abschluß des Unterkontos: Erlösberichtigungen	...
11.	Abschluß des Privatkontos	...
12.	Inventurbestand / Unfertige Erzeugnisse	175
13.	Inventurbestand / Fertigerzeugnisse	355
14.	Verrechnung des Vorsteuerguthabens	...
15.	Verrechnung der Umsatzsteuerschuld	...
16.	Aktivierung bzw. Passivierung des Saldos des Umsatzsteuer-Verrechnungskontos	...

(c) Entwickeln Sie nun die Abschlußübersicht und errechnen Sie dabei das Unternehmungsergebnis. Achten Sie auf der rechten Seite der Abschlußübersicht auf die richtigen Zeilen (Konto-Nr. in der letzten Spalte).

!! Beantworten Sie die Fragen auf den Seiten nach der Abschlußübersicht und markieren Sie Ihre Lösungswerte auf dem Beleg!

B U C H U N G S S Ä T Z E

GF.-Nr.	Konto-Nr.	Konto-Bezeichnung	Betrag (TEUR)	an	Konto-Nr.	Konto-Bezeichnung	Betrag (TEUR)

Kto-Nr.	A B S C H L U S S Ü B E R S . Bezeichnung (Beträge in TEUR)	Summenbilanz S	Summenbilanz H	Saldenbil. I S	Saldenbil. I H
0700	Technische Anlagen und Maschinen	2250	-	......	......
0700	"	......	......	......	......
0800	Betriebs- u. Geschäftsausstatt.	1000	-	......	......
2000	Rohstoffe	2000	1050	......	......
2001	Bezugskosten / Rohstoffe	75	-	......	......
2002	Nachlässe / Rohstoffe	-	100	......	......
2100	Unfertige Erzeugnisse	183	-	......	......
2200	Fertigerzeugnisse	350	-	......	......
2400	Forderungen aus Lief. u. L.	2965	2415	......	......
2600	Vorsteuer	130	10	......	......
2600	"	......	......	......	......
2800	Bank	1	-	......	......
2880	Kasse	1	-	......	......
2930	And. aktive Jahresabgrenz.posten	......	......	......	......
3000	Eigenkapital	-	1500	......	......
3001	Privatkonto	75	-	......	......
3610	Wertberichtigungen zu Sachanl.	-	1000	......	......
3610	"	......	......	......	......
3680	Pauschalwertbericht.z.Forder.	......	......	......	......
4400	Verbindlichkeiten aus Lief. u.L.	-	2450	......	......
4800	Umsatzsteuer	20	250	......	......
4800	"	......	......	......	......
4820	Umsatzsteuer-Verrechnungskonto	......	......	......	......
4820	"	......	......	......	......
4830	Sonst.Verbindl.g.Finanzbeh.	-	30	......	......
4840	Verb.g.Sozialversich.trägern	-	20	......	......
5000	Umsatzerlöse für eigene Erzeugn.	-	2600	......	......
5001	Erlösbericht. / Eigene Erzeugn.	200	-	......	......
5200	Bestandsveränderungen	......	......	......	......
5420	Eigenverbrauch	-	25	......	......
6000	Aufwendungen für Rohstoffe	1050	-	......	......
6200	Löhne	815	-	......	......
6400	Arbeitgeberanteile z.Sozialv.	160	-	......	......
6520	Abschreibungen auf Sachanlagen	......	......	......	......
6520	"	......	......	......	......
6800	Büromaterial	40	-	......	......
6910	Kfz-Versicherungsbeiträge	20	-	......	......
6950	Abschreib.a.Forderungen	75	-	......	......
7090	Sonstige betriebl. Steuern	1	-	......	......
7510	Zinsaufwendungen	39	-	......	......
....	S U M M E I	11450	11450	......	......
....	UNTERNEHMUNGSERGEBNIS	......	......	......	......
....	S U M M E II	......	......	......	......

Umbuchungen Nr.	S	Nr.	H	Saldenbil. II S	H	Schlußbilanz A	P	G- u.V.Rechn. S	H	Kto. Nr.
....	......	....	......	......	......	......	......	......	......	0700
....	......	....	......	......	......	......	......	......	......	0700
....	......	....	......	......	......	......	......	......	......	0800
....	......	....	......	......	......	......	......	......	......	2000
....	......	....	......	......	......	......	......	......	......	2001
....	......	....	......	......	......	......	......	......	......	2002
....	......	....	......	......	......	......	......	......	......	2100
....	......	....	......	......	......	......	......	......	......	2200
....	......	....	......	......	......	......	......	......	......	2400
....	......	....	......	......	......	......	......	......	......	2600
....	......	....	......	......	......	......	......	......	......	2600
....	......	....	......	......	......	......	......	......	......	2800
....	......	....	......	......	......	......	......	......	......	2880
....	......	....	......	......	......	......	......	......	......	2930
....	......	....	......	......	......	......	......	......	......	3000
....	......	....	......	......	......	......	......	......	......	3001
....	......	....	......	......	......	......	......	......	......	3610
....	......	....	......	......	......	......	......	......	......	3610
....	......	....	......	......	......	......	......	......	......	3680
....	......	....	......	......	......	......	......	......	......	4400
....	......	....	......	......	......	......	......	......	......	4800
....	......	....	......	......	......	......	......	......	......	4800
....	......	....	......	......	......	......	......	......	......	4820
....	......	....	......	......	......	......	......	......	......	4820
....	......	....	......	......	......	......	......	......	......	4830
....	......	....	......	......	......	......	......	......	......	4840
....	......	....	......	......	......	......	......	......	......	5000
....	......	....	......	......	......	......	......	......	......	5001
....	......	....	......	......	......	......	......	......	......	5200
....	......	....	......	......	......	......	......	......	......	5420
....	......	....	......	......	......	......	......	......	......	6000
....	......	....	......	......	......	......	......	......	......	6200
....	......	....	......	......	......	......	......	......	......	6400
....	......	....	......	......	......	......	......	......	......	6520
....	......	....	......	......	......	......	......	......	......	6520
....	......	....	......	......	......	......	......	......	......	6800
....	......	....	......	......	......	......	......	......	......	6910
....	......	....	......	......	......	......	......	......	......	6950
....	......	....	......	......	......	......	......	......	......	7090
....	......	....	......	......	......	......	......	......	......	7510
....	......	....	......	......	......	......	......	......	......	SU I
....	......	....	......	......	......	......	......	......	......	U.E.
....	......	....	......	......	......	......	......	......	......	SU I

Raum für Entwürfe:

....

....

....

....

....

....

....

....

....

A U F G A B E 117
Markieren Sie im Wertefeld X1!
(Links beginnen)

- Zu 1. / P.W.B. zu Forderungen: Wieviel beträgt die Pauschalwertberichtigung zu Forderungen? (25 TEUR)

A U F G A B E 118
Markieren Sie im Wertefeld X2!
(Links beginnen)

- Zu 6. / Umsatzbonus bei Rohstoffen: Welcher Betrag wird auf dem Konto-Nr. 2000 verbucht?

A U F G A B E 119
Markieren Sie im Wertefeld X3!
(Links beginnen)

- Zu 16. / Umsatzsteuer-Verrechnungskonto: Wieviel beträgt der Saldo dieses Kontos?

A U F G A B E 120
Markieren Sie im Wertefeld X4!
(Links beginnen)

- Zu den Umbuchungen: Wieviel beträgt die Summe der Sollspalte bzw. Habenspalte?

A U F G A B E 121
Markieren Sie im Wertefeld X5!
(Links beginnen)

- Zur Schlußbilanz / Summe I: Wieviel beträgt die Summe der Sollspalte (ohne Unternehmensergebnis?

Raum für Entwürfe:

....

....

....

....

....

....

....

....

....

A U F G A B E 122
Markieren Sie im Wertefeld X6!
(Links beginnen)

- Zur Schlußbilanz / Summe I: Wieviel beträgt die Summe der Habenspalte (ohne Unternehmensergebnis)?

A U F G A B E 123
Markieren Sie im Wertefeld X7!
(Links beginnen)

- Zur Gewinn- und Verlustrechnung / Summe I: Wieviel beträgt die Summe der Habenspalte (= Erträge)?

A U F G A B E 124
Markieren Sie im Wertefeld X8!
(Links beginnen)

- Zum Unternehmensergebnis: Wieviel beträgt das Unternehmensergebnis?

7 LÖSUNGEN: TESTFRAGEN

7.1 Lösungen-Nr. 1 - 30

A u f g a b e 1

Im Zusammenhang mit dem PC-Programm "FIBU für windows" (Shareware-Version) gilt:

A) nein: Jeder Mandant kann zwar beim Anlegen der Stammdaten den Kontenrahmen wählen, aber an einem Zeitpunkt nur einen Kontenrahmen verwenden

B) ja: Alle Druckausgaben (Listen) können als Textdatei ausgegeben werden und z.B. mit WINWORD oder EXCEL weiterverarbeitet werden

C) nein: Die Kontenvorträge werden bei der Shareware-Version manuell eingegeben, automatische Vorträge sind nur in Vollversionen möglich

D) nein: Das Buchungsdatum kann überschrieben werden (Default-Wert)

E) nein: Von allen Unternehmern muß die gesetzliche Umsatzsteuer berücksichtigt werden (Ausnahme: Kleinunternehmer)

F) ja: Die automatische Umsatzsteuerberechnung und -Buchung entsprechend den Kontenstammdaten ist einer der Hauptvorteile der EDV-gestützten Buchhaltung

A u f g a b e 2

Im Zusammenhang mit dem Bilanzbegriff gilt:

A) nein: Bilanz = stichtagsbezogene Bestandsaufnahme

B) ja: Minuskapital bzw. Unterbilanz bedeutet, daß das Fremdkapital höher ist als das Vermögen

C) nein: bei den meisten Betrieben ist heute das Fremdkapital wesentlich höher als das Eigenkapital

D) nein: Bilanzsumme muß auf Aktivseite und Passivseite stets gleich hoch sein (Bilanzgleichung)

E) nein: der genannte Fall sind sog. Inventurdifferenzen

F) ja: die Bilanz stellt ein wertmäßiges Unternehmensmodell dar

A u f g a b e 3

Im Zusammenhang mit der Zuordnung von Geschäftsfällen und Wertgrößen gilt:

A) ja: keine Ausgabe, da Verbindlichkeiten gleichzeitig vermindert werden, Geldvermögen bleibt gleich

B) nein: Einkauf kein Materialeinsatz

C) nein: jetzt Personalaufwand, erst später Ausgaben

D) nein: kein Ertrag, wenn Verkaufspreis = Buchwert

E) nein: keine Ausgaben (Buchverlust)

F) ja: Privatentnahme = Reduzierung des Eigenkapitals

A u f g a b e 4

Im Zusammenhang mit der Erfolgsspaltung nach dem BiRiLiG gilt:

A) nein: Rücklagendotierung = Gewinnverwendung

B) nein: Darlehenszinsen bei verbundenen Unternehmen gehören i.d.R. zum Ergebnis der gewöhnlichen Geschäftstätigkeit

C) nein: Die Position "Steuern vom Einkommmen ..." enthält nur Steuern der Gesellschaft (KSt, GewESt)

D) ja: vgl. Gliederung gem. § 275 HGB

E) ja: vgl. Gliederung gem. § 275 HGB

F) nein: Veräußerungsverluste aus "normalen Anlageverkäufen" gehören zur gewöhnlichen Geschäftstätigkeit

A u f g a b e 5

Im Zusammenhang mit dem Umsatzkostenverfahren gilt:

A) nein: keine Inventur erforderlich

B) nein: für alle Kapitalgesellschaften zulässig (§ 275 Abs. 1 HGB)

C) nein: Abweichungen denkbar je nach Abgrenzung der Erträge

D) ja: Finanzbereich enthalten (vgl. Gliederung in § 275 Abs.3 HGB)

E) nein: Beteiligungsbereich enthalten (vgl. Gliederung in § 275, Abs. 3 HGB)

F) ja: vergleiche Gliederung in Absatz 2 und 3 bei § 275 HGB

A u f g a b e 6

Im Zusammenhang mit der Abgrenzung von Betriebsvermögen und Privatvermögen gilt:

A) nein: notwendiges Betriebsvermögen nur, wenn Gegenstände unmittelbar betrieblichen Zwecken dienen

B) ja: Kredite sind ebensolche Wirtschaftsgüter wie der damit finanzierte Gegenstand

C) nein: notwendiges Privatvermögen darf nicht in die Bilanz aufgenommen werden

D) nein: notwendiges Betriebsvermögen wird häufig gemischt genutzt (z.B. Betriebs-PKW)

E) nein: gemischt-genutztes Betriebsvermögen kann durchaus in die Bilanz aufgenommen werden

F) ja: bei Gebäuden ist Aufteilung nach Nutzungsfläche-Anteilen üblich

A u f g a b e 7

Im Zusammenhang mit der <u>Euro-Umrechnung</u> gilt:

A) nein: jede Unternehmung kann in der Übergangsphase den Zeitpunkt seiner Euro-Umstellungsbilanz wählen (jeweils Geschäftsjahres-Ende)

B) ja: Nach dem "Euro-Dreieck" müssen Teilnehmerwährungen stets zuerst in den Euro und dann erst in andere Teilnehmerwährungen umgerechnet werden

C) nein: Die gesetzlich vorgesehene Euro-Rücklage kann nur im Falle von Umrechnungsgewinnen gebildet werden

D) nein: Die offiziellen Umrechnungskurse müssen in allen Teilnehmer-Ländern mit 6 signifikaten Stellen verwendet werden, nur die Umrechnungsergebnisse werden auf die kleinste Währungseinheit (z.B. Cent) gerundet

E) ja: Ausbuchung ist entweder erfolgsneutral (auf Eigenkapitalkonto) oder erfolgswirksam (auf Konto Sonstige betriebliche Aufwendungen bzw. Erträge) möglich

F) ja: Durch die gesetzliche Bilanzierungshilfe können bestimmte Umstelllungskosten aktiviert und auf mehrere Jahre abgeschrieben werden

A u f g a b e 8

Im Zusammenhang mit den <u>Sammelbewertungsverfahren</u> bei steigenden Preisen gilt:

A) ja: bei Lifo-Methode niedrigerer Bestandswert, höherer Wareneinsatz

B) ja: Durchschnittspreis niedriger als der beizulegende Wert am Bilanzstichtag

C) ja: Anfangspreise sind beim Lifo-Verfahren niedriger als beim Durchschnittsverfahren

D) nein: Anfangspreise beim Lifo-Verfahren sind niedriger als der beizulegende Wert am Bilanzstichtag

E) nein: bei Fifo-Verfahren hier Bewertung mit den höchsten Anschaff.-preisen, bei Hifo-Verfahren mit den niedrigsten Ansch.preisen

F) nein: steuerrechtlich nur zulässig, wenn Verbrauchsfolge plausibel ist

A u f g a b e 9

Im Zusammenhang mit der <u>vor-/nachverlegten Stichtagsinventur</u> gilt:

A) ja: Inventur-Stichtag liegt vor bzw. nach dem Bilanzstichtag

B) nein: Bestandsaufnahme maximal 3 Monate vor bzw. 2 Monate nach dem Bilanzstichtag

C) ja: wertmäßige Fort-/Rückschreibung erforderlich, um Bestandswert am Bilanzstichtag zu ermitteln

D) nein: Verfahren für alle Unternehmen zulässig, vgl. § 241 Abs. 3 Ziff. 1 HGB

E) nein: jährliche Pflichtinventur, vgl. § 240 Abs. 2 HGB

F) nein: maximal 3 Monate vor bzw. 2 Monate nach dem Bilanzstichtag

A u f g a b e 10

Im Zusammenhang mit den verschiedenen Kontenarten gilt:

A) ja: Saldo steht hier auf der betragsmäßig kleineren Seite

B) nein: Saldo stellt nur bei Bestandskonten den Endbestand dar

C) nein: Schlußbilanzkonto ist ein Abschlußkonto (weder Aktiv- noch Passivkonto)

D) ja: Abgänge bei passiven Bestandskonten auf der Sollseite

E) ja: Einlagen erhöhen das Eigenkapital, stehen auf Eigenkapitalkonto bzw. auf dessen Unterkonto (Privatkonto) auf der Habenseite

F) nein: Gewinn- und Verlustkonto ist selbständiges Abschlußkonto zur Ermittlung des Unternehmenserfolges

A u f g a b e 11

Im Zusammenhang mit den Kontenseiten (Soll/Haben) gilt:

A) ja: "soll bezahlen" und "hat gut" entspricht Personenkonten

B) ja: ein Kunde wird auf der Sollseite seines Kontos für eine Warenlieferung belastet

C) nein: "credit" = Habenseite (Verbindlichkeit aus Lieferungen u.L.)

D) nein: S (Sollsaldo) = Forderung der Bank = Schuld des Kontoinhabers

E) ja: Forderungskonto-Zugang = Sollseite

F) nein: Kassenkonto (Aktivkonto) kann Saldo (Endbestand) nur auf der Habenseite ergeben

A u f g a b e 12

Im Zusammenhang mit den kalkulatorischen Kosten (GKR) gilt:

A) nein: Unternehmerlohn keine abzugsfähige Betriebsausgabe (Neutralisierung durch Verrechnungkonto)

B) ja: Zusatzkosten-Neutralisierung durch Verrechnungskonten

C) nein: Anderskosten (z.B. Abschreibungen) sind als Aufwandsart und als Kostenart vorhanden, nur anders berechnet

D) ja: Kalkulator. Zinsen für gesamtes betriebsnotwendiges Kapital, auch wenn mit Eigenkapital finanziert

E) nein: Bemessungsgrundlage der kalkulat. Abschreibungen sind vielfach die Wiederbeschaffungkosten (über Anschaffungskosten)

F) ja: Kalkulator. Kosten gehen in Betriebsergebnis ein, neutrale Aufwendungen gehen in neutrales Ergebnis ein

A u f g a b e 13

Im Zusammenhang mit neutralen Aufwendungen gilt:

A) nein: neutraler Aufwand stellt niemals Kosten dar

B) nein: Betriebsfremder Aufwand ist einer der Hauptfälle des neutralen Aufwands

C) ja: neutraler Aufwand, da Wertpapiergeschäfte bei Industriebetrieben nicht betriebsnotwendig sind

D) nein: Zweckaufwand umfaßt auch Anderskosten

E) nein: kalkulatorischer Unternehmerlohn = Zusatzkosten

F) ja: Wechselkursverluste bei Industriebetrieben sind kein Zweckaufwand (nicht d. Betriebszweck bedingt)

A u f g a b e 14

Im Zusammenhang mit neutralen Erträgen gilt:

A) ja: in Handelsbilanz selbsterfundene Patente nicht aktivierungsfähig

B) ja: Wechselkursgewinne nicht durch den Betriebszweck bedingt

C) nein: Gewerbesteuer = Betriebssteuer, Erstattungen sind periodenfremde Erträge

D) ja: Veräußerungsgewinne bei Betriebsgrundstücken sind außerordentliche Erträge im Sinne der Bilanzanalyse

E) nein: z.B. Veräußerungsgewinne bei "normalen Anlageverkäufen" gehören zum Ergebnis der gewöhnlichen Geschäftstätigkeit

F) nein: viele Konzern-Tochterunternehmen erzielen Umsätze mit Mutterunternehmen (Zulieferer)

A u f g a b e 15

Im Zusammenhang mit den Buchführungssystemen gilt:

A) nein: Doppiksystem = Soll- und Habenbuchung

B) ja: Nebenbücher werden karteimäßig oder als EDV-Anwendung geführt

C) ja: Kameralistik = Einnahmen- / Ausgaben-Buchhaltung mit Planwerten und Istwerten

D) nein: Kameralistik = Behördenbuchführung

E) nein: Im Hauptbuch sind Sammelbuchungen erforderlich, z.B. auf dem Konto "Forderungen aus Lieferungen und Leistungen"

F) nein: In jedem Buchungssatz muß mindestens eine Sollbuchung und eine Habenbuchung vorliegen

A u f g a b e 16

Im Zusammenhang mit den Buchhaltungsverfahren gilt:

A) ja: dies ist das Grundprinzip der Übertragungsbuchführung

B) ja: auch beim amerikanischen Journal liegt Übertragungsbuchführung vor

C) nein: Durchschrift erfolgt immer auf der gleichen Kontenseite

D) nein: das Hauptbuch ist stets sachlich gegliedert

E) nein: bei Speicherbuchführung ist nur Ausdruckbereitschaft und Abrufmöglichkeit am Bildschirm erforderlich

F) ja: Speicherung der Bewegungsdaten meist auf Festplatte

A u f g a b e 17

Im Zusammenhang mit dem DATEV-System gilt:

A) nein: Erstellung des Grundbuches (Journals) erst im Rechenzentrum

B) nein: Prima-Nota = Beleg-Erfassungsliste, keine Bilanz

C) nein: Urbelege werden auf Datenträger erfaßt, die Journale können auf Mikrofilm dargestellt werden

D) ja: Bilanz = Hauptzweck der Buchführung

E) nein: bei COM (Computer Output to Microfilm) nicht abgefilmt

F) ja: Kontierung meist nach dem Standard-Kontenrahmen der DATEV (z.B. SKR03)

A u f g a b e 18

Im Zusammenhang mit dem Industrie-Kontenrahmen (IKR 86) gilt:

A) ja: Rechnungskreis I und Rechnungskreis II (Kosten- u. Leist.rechn.)

B) nein: keine kalkulatorischen Kostenarten im Rechnungskreis I

C) ja: Ergebnisabgrenzung im Rechnungskreis II (z.B. Kontengruppe 90 = Unternehmensbezogene Abgrenzungen)

D) ja: Gesamtergebnis = Betriebsergebnis + Abgrenzungsergebnis

E) nein: Kostenrechnung = Rechnungskreis II

F) nein: IKR verwendet Abschlußgliederungs-Prinzip

A u f g a b e 19

Im Zusammenhang mit den Kontenrahmen gilt:

A) nein: Kontenrahmen = betriebsübergreifende, brancheneinheitliche Gliederung der Konten

B) ja: DEHOGA-Kontenrahmen ist IKR-orientiert

C) ja: der SKR04 ist für IKR-Anwender geschaffen worden

D) ja: der IKR 1986 ist eine Neufassung aufgrund des BiRiLIG

E) ja: der IKR 1986 ist sowohl für Personen- als auch für Kapitalgesellschaften geeignet (vgl. Kontengruppe 30)

F) nein: Wertberichtigungen werden in der Buchhaltung (nicht in der Bilanz) empfohlen, vgl. Konto-Nr. 3610

A u f g a b e 20

Im Zusammenhang mit dem Abschluß der Warenkonten gilt:

A) nein: jährliche Pflichtinventur gem. § 240 Abs. 2 HGB

B) ja: Inventurdifferenzen ergeben sich aus dem Vergleich: Inventurbestände - Buchbestände

C) nein: Rohgewinn entsteht hier im Gewinn- und Verlustkonto

D) nein: keine Vergleichsmöglichkeiten für Inventurbestand

E) nein: Reingewinn entsteht im Gewinn- und Verlustkonto

F) ja: bei kleinen Kapitalgesellschaften kann die Erfolgsrechnung mit dem Rohergebnis beginnen, vgl. § 276 HGB

A u f g a b e 21

Im Zusammenhang mit Gratisessen eines Restaurants an Busfahrer gilt:

A) ja: nicht-steuerbarer Umsatz, da kein Entgelt vorliegt

B) nein: nicht steuerpflichtig, da nicht steuerbar

C) ja: bei Nichtverbuchung ist Wareneinsatz entsprechend höher, Reingewinn bleibt gleich

D) nein: bei Nichtverbuchung ist Wareneinsatz höher, Rohgewinn ist niedriger

E) ja: Vorsteuerabzug-Ausschluß nur bei steuerbefreiten Umsätzen

F) nein: nicht-steuerpflichtige Umsätze

A u f g a b e 22

Im Zusammenhang mit der Binnenmarkt-Umsatzsteuer gilt:

A) ja: Aufzeichnung vorgeschrieben zur Kontrolle der Umsatzsteuerfreien innergemeinschaftlichen Lieferungen

B) ja: In den Kontenklassen für Einkäufe (Klasse 2), für Verkäufe (Klasse 5) sowie für Vorsteuer / Mehrwertsteuer (Klassen 2 / 4)

C) nein: Umsätze in EU-Ländern müssen separat aufgezeichnet werden (Zusammenfassende Meldung an Finanzbehörden)

D) ja: Berechtigung zum Vorsteuerabzug auch bei Erwerbsteuer

E) nein: Ab einer bestimmten "Lieferschwelle" ist Besteuerung im Bestimmungsland vorgeschrieben

F) ja: Gesonderte Aufzeichnung beim Erwerb neuer Fahrzeuge aus anderen EU-Ländern, Umsatzsteuerpflicht beim Erwerber

A u f g a b e 23

Im Zusammenhang mit den Grundprinzipien der Umsatzsteuer gilt:

A) nein: in der Regel kein "Mehrwert"-Konto (Zahllast-Ermittlung)

B) ja: Bruttoprinzip nur bei Kleinbetrieben zulässig

C) ja: Vereinnahmte Entgelte = Istbeträge

D) ja: Einfuhr-Umsatzsteuer

E) nein: Umsatzsteuer = Durchlaufsteuer, muß vom Käufer (Endverbraucher) getragen werden

F) nein: voller Vorsteuerabzug bei Umsätzen mit ermäßigten Steuersätzen

A u f g a b e 24

Im Zusammenhang mit den Umsatzsteuer-Bemessungsgrundlagen gilt:

A) nein: Umsatzsteuer selbst gehört nicht zum Entgelt, vgl. § 10 Abs. 1 UStG

B) ja: Auslagenersatz gehört zum steuerpflichtigen Entgelt

C) ja: Zahlungszuschläge gehören nicht mehr zum umsatzsteuerpflichtigen Entgelt

D) nein: Entnahmewert ist der Einkaufspeis bzw. die Selbstkosten zum Zeitpunkt des Umsatzes gem. § 10 Abs. 4 UStG

E) ja: "Durchlaufende Posten" (Vereinnahmung im Namen und auf Rechnung eines anderen) gehören nicht zum umsatzsteuerpflichtigen Entgelt gem. § 10 Abs. 1 UStG

F) ja: die "Wiederbeschaffungskosten" bei Gegenstandsentnahmen umfassen sowohl den Einkaufspreis als auch die Nebenkosten gem. § 10 Abs. 4 UStG

Aufgabe 25

Im Zusammenhang mit den Lieferer-Nachlässen gilt:

A) ja: Boni = nachträgliche Rabatte
B) ja: Verbucht wird hier meist der verminderte Betrag
C) nein: Lieferer-Nachlässe (Unterkonto) werden auf das Hauptkonto umgebucht
D) ja: Lieferer-Skonto = neutraler Ertrag gem. GKR, vgl. Kontengruppe 24 GKR
E) nein: Lieferer-Nachlässe werden am Jahresende auf die Einkaufskonten umgebucht (vermindern Bestandswert für die Bilanz)
F) nein: Lieferer-Nachlässe kommen nicht in die Gewinn- und Verlustrechnung, vgl. Gliederung in § 275 HGB

Aufgabe 26

Im Zusammenhang mit den "Erlösberichtigungen" gilt:

A) nein: bei Erlösberichtigungen ist Umsatzsteuerberichtigung erforderlich
B) ja: Kundenskonti = neutraler Aufwand gem. GKR, vgl. Kontengruppe 24
C) nein: Kundenskonti = Erlösberichtigung (Klasse 5)
D) nein: Kundenskonti (Unterkonto) werden auf die entsprechenden Umsatzerlöse umgebucht (Hauptkonto)
E) ja: bei verschuldeten Warenmängeln und Rücktritt des Kunden besteht Schadenersatzpflicht
F) ja: Kundenskonto = Erlösschmälerung

Aufgabe 27

Im Zusammenhang mit den "Sonderposten mit Rücklagenanteil" gilt:

A) nein: Bildung der Sonderposten nur durch nicht-ausgeschütteten Gewinn möglich
B) nein: Sonderposten sind keine gesetzliche Rücklage
C) ja: Bildung aus unversteuerten Gewinnen aufgrund steuerlicher Vergünstigungen, z.B. § 6b EStG
D) nein: Sonderposten sind keine reinen Rückstellungen
E) nein: Sonderposten sind Mischung aus Eigenkapital (Veräußerungsgewinn) und Fremdkapital (Steuerrückstellung)
F) ja: s. E)

A u f g a b e 28

Im Zusammenhang mit den Warenentnahmen (Eigenverbrauch) gilt:

A) nein: Entnahmewert= "Wiederbeschaffungskosten" gem. § 10 Abs. 1 UStG

B) ja: wenn Entnahmewert (Wiederbeschaffungskosten) = Anschaffungskosten, ist Entnahme erfolgsneutral

C) ja: Wareneinsatz soll nur die an Kunden verkauften Waren zum Einstandspreis enthalten

D) ja: Eigenverbrauch muß gesondert aufgezeichnet werden

E) nein: Warenentnahmen sind auf dem Privatkonto einschließlich der obligatorischen Umsatzsteuer zu verbuchen

F) ja: Eigenverbrauch muß gesondert aufgezeichnet werden

A u f g a b e 29

Im Zusammenhang mit den Lohnbuchungen gilt:

A) nein: Lohnvorschüsse = Kreditgewährung an Arbeitnehmer, nicht lohnsteuerpflichtig

B) nein: Lohnvorschüsse = Kreditgewährung, kein sozialversicherungspflichtiges Arbeitsentgelt

C) ja: Für den Arbeitnehmer kein Lohnsteuer-Abzug, die Pauschal-Lohnsteuer wird vom Arbeitgeber getragen

D) ja: Arbeitgeber schuldet die Pauschallohnsteuer

E) ja: Sachbezüge sind lohnsteuerpflichtiges Arbeitsentgelt

F) ja: Sachbezüge stellen umsatzsteuerpflichtige Lieferungen dar

A u f g a b e 30

Im Zusammenhang mit der Einnahme-/Überschußrechnung gem. § 4 Abs. 3 EStG gilt:

A) nein: Bei Einnahme-/Überschußrechnung wird Betriebsvermögen nicht erfaßt

B) nein: Bei Einnahme-/Überschußrechnung werden Inventurergebnisse nicht ermittelt

C) nein: Bei Einnahme-/Überschußrechnung wird Betriebsvermögen und Privatvermögen nicht erfaßt

D) ja: Bei Einnahme-/Überschußrechnung können Abschreibungen als Betriebsausgaben angesetzt werden

E) ja: Sofortabsetzung von Geringwertigen Gütern analog zu § 6 Abs. 2 EStG (GWG)

F) nein: Bei Einnahme-/Überschußrechnung keine Bilanzerstellung (Kleingewerbetreibende oder selbständig Tätige)

7.2 Lösungen-Nr. 31 - 57

A u f g a b e 31

Im Zusammenhang mit der Verbuchung der Steuerarten gilt:

A) nein: Grundsteuer = laufender Steueraufwand, vgl. Konto 7020 (IKR)

B) ja: Gesetzliche Abzüge werden von Arbeitnehmern einbehalten und an Finanzamt abgeführt

C) ja: Vermögensteuer bei Kapitalgesellschaften war eine nicht abzugsfähige Ausgabe (die VSt wird z.Zt nicht erhoben)

D) nein: Einkommensteuer = Privatsteuer

E) ja: Verbrauchsteuern werden über die Verkaufspreise den Verbrauchern belastet und vom Hersteller abgeführt

F) nein: Die Grunderwerbsteuer ist eine aktivierungspflichtige Steuer (Aktivierung meist beim Erwerber)

A u f g a b e 32

Im Zusammenhang mit der Bewertung von Wertpapieren (Effekten) gilt:

A) ja: Anschaffungswertprinzip (höchstens Anschaffungskosten), vgl. § 253 Abs. 1 HGB

B) ja: Wertaufholungsgebot für Kapitalgesellschaften, vgl. § 280 HGB

C) ja: Strenges Niederstwertprinzip beim Umlaufvermögen, vgl. § 253 Abs. 3 HGB

D) nein: grundsätzlich im Folgejahr Anschaffungskosten, ggfs. mit Teilwertabschreibung, vgl. § 6 Abs. 1 Ziff. 2 Satz 4 EStG

E) ja: gemildertes Niederstwertprinzip bei vorübergehenden Wertminderungen im Anlagevermögen, vgl. § 253 Abs. 2 HGB

F) ja: Bankprovision = aktivierungspflichtige Anschaffungsnebenkosten

A u f g a b e 33

Im Zusammenhang mit Großreparaturen (z.B. Gebäude) gilt:

A) ja: Erhaltungsaufwand (Instandhaltung) = laufender Aufwand

B) nein: Erhaltungsaufwand nicht aktivierungsfähig

C) nein: Erhaltungsaufwand nur zur Instandhaltung der vorhandenen Substanz

D) nein: Herstellungsaufwand = aktivierungspflichtig

E) ja: z.B. im Falle eines Anbaus an ein bereits bestehendes (aktiviertes) Gebäude

F) nein: Herstellungsaufwand fällt unregelmäßig an

A u f g a b e 34

Im Zusammenhang mit Geringwertigen Wirtschaftsgütern gilt:

A) nein: Höchstbetrag = 800.-- DM, vgl. § 6 Abs. 2 EStG
B) nein: Höchstbetrag = 800.-- DM (ohne Vorsteuer!)
C) nein: GWG aktivierungspflichtig, vgl. Konto-Nr. 0890 (IKR)
D) ja: Aktivierungspflicht und Abschreibungswahlrecht
E) nein: Alle Zugänge müssen im Anlagespiegel dargestellt werden
F) ja: wahlweise planmäßige Abschreibung möglich

A u f g a b e 35

Im Zusammenhang mit den Erzeugnis-Buchungen gilt:

A) ja: der Anfangsbestand hat sich ja verringert
B) ja: Bestandserhöhung = Zugang auf Bestandskonto
C) ja: Bestandsverminderung = Herstellungskosten der jetzt verkauften und im Vorjahr produzierten Erzeugnisse
D) nein: Konto "Bestandsveränderungen" = Ertragskonto bei Bestandserhöhungen
E) nein: Konto "Bestandsveränderungen" = Aufwandskonto bei Bestandsverminderungen
F) nein: der Saldo der Bestandsveränderungen geht in das Gewinn- und Verlustkonto ein

A u f g a b e 36

Im Zusammenhang mit den Materialbuchungen gilt:

A) ja: Rohstoffe = Aktivkonto
B) nein: Einkäufe = Zugang auf Bestandskonto
C) nein: Materialeinsatz = Abgang auf Bestandskonto
D) ja: Befundrechnung ermittelt rechnerischen Materialeinsatz (einschl. Schwund / Diebstahl)
E) ja: Inventurdifferenzen = Differenz zwischen Inventurbestand und Buchbestand
F) nein: Pflichtinventur regelmäßig jährlich, vgl. § 240 Abs. 2 HGB

A u f g a b e 37

Im Zusammenhang mit den Abschlußbuchungen gilt:

A) nein: Feststellung erst, wenn der Aufsichtsrat keine Beanstandungen erhebt

B) ja: in der Regel Feststellung des Jahresabschlusses durch Vorstand und Aufsichtsrat

C) nein: Inventurdifferenzen werden bei den vorbereitenden Abschlußbuchungen verbucht

D) nein: Gewinnverteilung = Verteilung des festgestellten Gewinns

E) ja: in der kaufmännischen Buchführung sind alle Buchungen nach dem Doppik-System durchzuführen

F) nein: hier Gegenbuchungen nicht auf einem Abschlußkonto

A u f g a b e 38

Im Zusammenhang mit den "Abschreibungen" gilt:

A) nein: der lineare Abschreibungssatz bezieht sich auf den Anfangswert

B) ja: die betriebsgewöhnliche Nutzungsdauer wird stets berücksichtigt (Abweichungen müssen begründet werden)

C) nein: beim gleichen Prozentsatz ergeben sich gleiche Abschreibungsbeträge im ersten Jahr

D) nein: ein Erinnerungswert wird nur geführt, solange der Gegenstand noch nicht ausgeschieden ist

E) nein: Abschreibungen als "Aufwandsfaktor" vermindern den steuerpflichtigen Gewinn

F) nein: nur der Übergang von der degressiven Abschreibung zur linearen Abschreibung ist sinnvoll und zulässig

A u f g a b e 39

Im Zusammenhang mit den Abschreibungsverfahren beim Sachanlage-Vermögen gilt:

A) nein: die Teilwertabschreibung entspricht einer außerplanmäßigen Abschreibung in der Handelsbilanz

B) ja: Bemessungsgrundlage der Abschreibungen bei selbsthergestellten Anlagen: Herstellungskosten

C) nein: Erinnerungswert nur, solange die Anlage nicht verkauft wurde

D) ja: Teilwertabschreibung auch hier zulässig

E) ja: Nachfragewechsel verkürzt die wirtschafliche Nutzungsdauer

F) ja: Abschreibungen als "Aufwandsfaktor" vermindern den steuerpflichtigen Gewinn

A u f g a b e 40

Im Zusammenhang mit den aktiven Rechnungsabgrenzungsposten gilt:

A) nein: aktive Rechnungsabgrenzung = Zahlung jetzt, Aufwand später

B) nein: sonstige Verbindlichkeit nur bei antizipativen Posten

C) ja: bei Anzahlungen mit Umsatzsteuerausweis ist Umsatzsteuer zu verbuchen

D) ja: Beispiel Hypotheken-Disagio

E) nein aktive Rechnungsabgrenzung = Aufwand später, Zahlung jetzt

F) ja: Prinzip der periodengerechten Erfolgsabgrenzung

A u f g a b e 41

Im Zusammenhang mit den Forderungs-Abschreibungen gilt:

A) nein: Delcredere = Pauschalwertberichtigung zu Forderungen (Passivkonto)

B) ja: Wertberichtigungen = indirekte Abschreibungen

C) ja: Kombination von Einzel- und Pauschalabschreibungen ist in bestimmten Fällen durchaus sinnvoll

D) nein: als Forderungs-Abschreibungen bei Ausfällen sind Netto-Beträge zu verbuchen (Rest: Umsatzsteuer-Berichtigung)

E) ja: Forderungsrest = uneinbringlich

F) nein: bei Bildung einer Pauschalwertberichtigung noch keine Umsatzsteuerberichtigung zulässig

A u f g a b e 42

Im Zusammenhang mit einem Hypotheken-Disagio gilt:

A) nein: Passivierungspflichtig ist der Rückzahlungsbetrag (=Nennbetrag)

B) ja: Aktivierungswahlrecht für Disagio in der Handelsbilanz, vgl. § 250 Abs. 3 HGB

C) ja: Disagio ist hier Betriebsausgabe, da keine Bilanzierung erfolgt

D) ja: Steuerliche Aktivierungspflicht für Disagio bei buchführungspflichtigen Gewerbetreibenden

E) nein: Aktivierungswahlrecht für Disagio in Handelsbilanz, vgl. § 250 HGB

F) nein: Durch Aktivierung wird Disagio zunächst nicht erfolgswirksam

A u f g a b e 43

Im Zusammenhang mit Rückstellungs-Buchungen gilt:

A) ja: generell Passivierungspflicht für Rückstellungen, vgl.§ 249 HGB
B) nein: generell Passivierungspflicht gem. § 249 HGB (vgl. auch Bilanzgliederung gem. § 266 HGB)
C) nein: generell Passivierungspflicht gem. § 249 HGB (vgl. auch Bilanzgliederung gem. § 266 HGB)
D) ja: Ausdrücklich Passivierungspflicht gem. § 249 Abs. 1 Ziff. 2 HGB
E) nein: für Aufwandsrückstellungen Passivierungs-Wahlrecht, vgl. § 249 Abs. 2 HGB
F) ja: Auflösungsverlust oder Auflösungerträge

A u f g a b e 44

Im Zusammenhang mit schwebenden Geschäften gilt:

A) ja: keine Verbuchung, solange noch auf keiner Seite Leistungen erbracht wurden
B) ja: Rückstellungspflicht bei drohenden Verlusten, vgl. § 249 Abs. 1 HGB
C) nein: vor Vertragsabschluß noch kein Geschäft zustandegekommen
D) ja: drohende Verluste möglich, z.B. wegen Preisverfall der bestellten Waren
E) nein: für drohende Verluste ist Rückstellung zu bilden
F) nein: sobald Lieferung (und Rechnungsstellung) erfolgte, ist für den Verkäufer eine Forderung entstanden

A u f g a b e 45

Im Zusammenhang mit der "zeitlichen Abgrenzung" gilt:

A) nein: Forderungen nur, wenn noch keine Einnahmen vorliegen
B) nein: Verbindlichkeit ergibt Ausgabe im neuen Jahr
C) nein: aktive Rechnungsabgrenzung im alten Jahr, wenn Aufwand im neuen Jahr
D) nein: passive Rechnungsabgrenzung im alten Jahr, wenn Erträge im neuen Jahr
E) ja: dies ist der Hauptzweck der aktiven Rechnungsabgrenzung
F) ja: Fälligkeit der Umsatzsteuer bei Ausführung der Lieferungen und Leistungen, d.h. im alten Jahr

A u f g a b e 46

Im Zusammenhang mit dem Anlagenspiegel nach dem BiRiLiG (Kapitalgesellschaften) gilt:

A) ja: da Anfangsbestände und Zugänge auch mit Anschaffungskosten bewertet sind
B) ja: Zugänge nur mengenmäßige Bewegungen
C) ja: Grundprinzip des neuen Anlagenspiegels = direktes Bruttoprinzip
D) nein: Endbestand = Restbuchwert (Anschaffungskosten minus kumulierte Abschreibungen)
E) nein: Zuschreibungen werden mit den Abschreibungen des Folgejahres verrechnet
F) nein: kumulierte Abschreibungen enthalten auch direkte Abschreibungen

A u f g a b e 47

Im Zusammenhang mit der Bilanzgliederung bei Kapitalgesellschaften (HGB) gilt:

A) nein: Ausweis der Ingangsetzungskosten vor dem Anlagevermögen, vgl. § 269 HGB
B) nein: Jahresüberschuß bzw- Fehlbetrag auf Passivseite
C) nein: Minuskapital = "Fehlbetrag" im Sinne von § 268 Abs. 3 HGB (Aktivseite)
D) ja: Wertpapiere im Anlagevermögen (Gruppe: Finanzanlagen) und im Umlaufvermögen (z.B. Gruppe: Wertpapiere)
E) ja: aufsteigende Liquidität (z.B. Kassenbestände am Schluß)
F) ja: vgl. Bilanzgliederung gem. § 266 HGB

A u f g a b e 48

Im Zusammenhang mit der Bilanzierungsfähigkeit auf Aktiv- und Passivseite gilt:

A) nein: Wechselobligo = Eventualverbindlichkeit (in Bilanz unter dem Strich)
B) nein: Generelle Passivierungspflicht für Rückstellungen
C) ja: vgl. Bilanzgliederung gem. § 266 HGB Abs. 3 Pos. D
D) ja: vgl. Bilanzierungshilfen gem. § 269 HGB
E) nein: Bilanzierungshilfen sind Positionen innerhalb der Bilanz
F) ja: Eventualverbindlichkeiten werden unter dem Strich aufgeführt

Aufgabe 49

Im Zusammenhang mit der latenten Steuerabgrenzung nach dem BiRiLiG (Kapitalgesellschaften) gilt:

A) nein: Aktive latente Steuern, wenn Steuerbilanz-Ergebnis größer ist als Handelsbilanz-Ergebnis

B) nein: Aktive latente Steuern, wenn der effektive Steueraufwand höher ist als der fiktive Steueraufwand gemäß Handelsbilanz

C) nein: Passive latente Steuern, wenn Steuerbilanz-Ergebnis kleiner ist als Handelsbilanz-Ergebnis

D) ja: dies ist ein Hauptfall der aktiven latenten Steuern

E) nein: Aktivierungswahlrecht für aktive latente Steuern, vgl. § 274 Abs. 2 HGB

F) nein: Passivierungspflicht für passive latente Steuern, vgl. § 274 Abs. 1 HGB

Aufgabe 50

Im Zusammenhang mit dem Niederstwertprinzip nach dem BiRiLiG (Kapitalgesellschaften) gilt:

A) nein: bei abnutzbaren Sachanlagen müssen Abschreibungen gebildet werden (vgl. § 275 Abs. 2 HGB)

B) nein: bei Kapitalgesellschaften gemildertes Niederstwertprinzip nur bei Finanzanlagen (vgl. § 279 Abs. 1, Satz 2 HGB)

C) ja: bei vorübergehender Wertminderung im Anlagevermögen gemildertes Niederstwertprinzip (vgl. § 253, Abs. 2 HGB)

D) ja: bei dauerhaften Wertminderungen im Anlagevermögen strenges Niedertwertprinzip (vgl. § 253 Abs. 2 HGB)

E) nein: bei Umlaufvermögen strenges NWP (vgl. § 253 Abs. 3 HGB)

F) ja: Unübliche Abschreibungen b. Umlaufvermögen müssen gesondert ausgewiesen werden, vgl. Gliederung (§ 275 Abs. 2 Pos. 7b HGB)

Aufgabe 51

Im Zusammenhang mit der Privatabgrenzung gilt:

A) ja: Pauschalbeträge für Bäcker, Metzger, Wirte usw.

B) ja: Privatabgrenzung vorgeschrieben gem. EStG und UStG

C) ja: sog. Nutzungsentnahme (Eigenverbrauch) ist umsatzsteuerpflichtig

D) ja: nur hälftiger Vorsteuerabzug gem. § 15 Abs. 1b) UStG

E) ja: Keine steuerpflichtigen Nutzungsentnahmen mehr bei betrieblichen Pkw mit Privatnutzung gem. § 3 Abs. 9a) UStG

F) ja: Steuerpflichtiger Eigenverbrauch (Gegenstandsentnahmen bzw. Nutzungsentnahmen) nur noch, wenn Vorsteuerabzug möglich war gem. § 3 Abs. 1b) bzw. Abs. 9a) UStG

A u f g a b e 52

Im Zusammenhang mit dem "Verbindlichkeitsspiegel" nach dem BiRiLiG (Kapitalgesellschaften) gilt:

A) nein: Angabe der Verbindlichkeiten mit einer Restlaufzeit von mehr als 5 Jahren, vgl. § 285 HGB

B) nein: Angabe der Verbindlichkeiten mit Restlaufzeit bis zu 1 Jahr, vgl. § 268 Abs. 5 HGB

C) ja: vgl. Bilanzgliederung gem. § 266 HGB, Pos. C6

D) ja: Angaben wahlweise in Bilanz oder im Anhang

E) nein: Laufzeit = Restlaufzeit

F) nein: Aufgliederung entsprechend Sicherheiten erforderlich, vgl. § 285 HGB

A u f g a b e 53

Im Zusammenhang mit ergebnisabhängigen Aufwendungen gilt:

A) ja: Vorstandstantieme = Gewinnbeteiligung

B) ja: Aufsichtsrattantieme = Gewinnbeteiligung

C) nein: Bemessungsgrundlage = Bilanzgewinn

D) ja: Aufsichtsrattantiemen sind nur zu Hälfte abzugsfähig bei der Körperschaftsteuer (§ 10 Ziff. 4. KStG)

E) nein: die Vorstandstantieme am Jahresende = Verbindlichkeit (arbeitsvertragliche Verpflichtung)

F) ja: die Vorstandstantieme gehört zum lohnsteuerpflichtigen Arbeitsentgelt

A u f g a b e 54

Im Zusammenhang mit der Verbuchung von Rücklagen gilt:

A) nein: Kapitalrücklagen nur durch Mittel von außen

B) ja: die sog. "anderen Rücklagen" gem. HGB, vgl. § 266 Pos. A.III.4. HGB

C) nein: stille Reserven sind aus der Bilanz nicht ersichtlich

D) nein: stille Reserven entstehen bei Aktivposten durch Unterbewertung

E) nein: dies ist der Hauptfall der Kapitalrücklagen

F) ja: die ist der Hauptfall der gesetzlichen Rücklagen, vgl. § 150 AktG

Aufgabe 55

Im Zusammenhang mit der Internationalen Rechnungslegung gilt:

A) ja: Gesetzliche Anerkennung des DRSC durch das Bundesministerium für Justiz bei bestimmten Aufgaben gem. § 342 HGB

B) nein: Konzernabschlüsse nach internationalen Standards können von der Pflicht zur Aufstellung von Konzernabschlüssen nach HGB befreien

C) ja: Die generelle Zustimmung (endorsement) der IOSCO im Rahmen des Comparability-Projects ist derzeit noch nicht erteilt worden

D) ja: Eine Überleitung von Jahresüberschuß und Eigenkapital aus der HGB-Bilanz nach US-GAAP wurde von der SEC verlangt

E) nein: In Deutschland ist die Percentage-of-completion-Methode bisher noch nicht zulässig (HGB: Completed Contract-Methode)

F) nein: Die EU-Kommission hat die Arbeit an EU-Richtlinien zur Rechnungslegung eingestellt und empfiehlt den Mitgliedsländern die Orientierung an den IAS-Standards

Aufgabe 56

Im Zusammenhang mit der Kapitalflußrechnung (Cash Flow-Statement) gilt:

A) nein: Das kurzfristige Geldvermögen wird auch durch Bewegungen im Investitionsbereich und Kapitalbereich beeinflußt

B) ja: Bei der indirekten Ermittlung des Cash Flow aus dem Umsatzbereich werden die nicht-ausgabewirksamen Aufwendungen und der Gewinn zusammengezählt

C) ja: Kapitalerhöhungen = Kapitalzufluß im Kapitalbereich

D) nein: Fremdkapitaltilgung = Kapitalabluß im Kapitalbereich

E) ja: Nach der Grundgleichung ergibt jede Veränderung der Nichtfondskonten eine entspr. Veränderung der Fondskonten

F) ja: Dividenden-Ausschüttungen = Kapitalabfluß im Kapitalbereich

Aufgabe 57

Im Zusammenhang mit dem Konsolidierten Jahresabschluß (Konzernbilanz) gilt:

A) nein: Bei der Kapitalkonsolidierung wird das Eigenkapital der Tochterunternehmen eliminiert

B) ja: Grundsätzlich Konsolidierungspflicht für alle Tochterunternehmen in der Konzernbilanz (Weltbilanz)

C) nein: Das frühere Maßgeblichkeitsprinzip der Einzelbilanzen ist aufgehoben (Aktivierungspolitik in der Konzernbilanz möglich)

D) nein: Das frühere Maßgeblichkeitsprinzip der Einzelbilanzen ist aufgehoben (Bewertungspolitik in der Konzernbilanz möglich

E) ja: Konsolidierung der Innenumsatzerlöse in der Konzernerfolgsrechnung vorgeschrieben, vgl. § 305 HGB

F) ja: Konsolidierung der Zwischenergebnisse in der Konzernbilanz vorgeschrieben gem. § 304 HGB

8 LÖSUNGEN: BUCHUNGSSÄTZE

8.1 Lösung-Nr. 58 (Wareneinkauf / Warenverkauf)

zu 1. Zieleinkauf
- Konto 2020 Hilfsstoffe (Aktivkonto): Zugang = Soll, Nettobetrag: 1100 EUR / 110 x 100 = 1000 EUR
- Konto 4400 Verb.a.L.u.L (Passivkonto): Zugang = Haben, Bruttobetrag
- Konto 2600 Vorsteuer (Aktivkonto): Zugang = Soll

Zu 2. Eingangsfracht
- Konto 2021 Bezugsko./H. (Unterkonto): Bezugskosten = Soll, Nettobetrag: 253 EUR / 110 x 100 = 230 EUR
- Konto 2880 Kasse (Aktivkonto): Abgang = Haben, Bruttobetrag
- Konto 2600 Vorsteuer (Aktivkonto): Zugang = Soll, Vorsteuerbetrag

Zu 3. Banküberweisung
- Konto 4400 Verb.a.L.u.L (Passivkonto): Abgang = Soll, Bruttobetrag,
- Konto 2800 Bank (Aktivkonto): Abgang = Habenbuchung, Betrag: 98 % von 1100 EUR = 1078 EUR
- Konto 2022 Nachlässe/H. (Unterkonto): Nachlässe = Haben,Nettobetrag. Bruttobetrag: 2 % von 1.100 EUR = 22 EUR, Nettobetrag: 22 EUR / 110 x 100 = 20 EUR
- Konto 2600 Vorsteuer (Aktivkonto): Berichtigung = Haben, Betrag: 10 % von 20 EUR = 2 EUR

Zu 4. Zielverkauf
- Konto 2400 Ford.a.L.u.L (Aktivkonto): Zugang = Soll, Bruttobetrag
- Konto 5000 Ums.erl./E.E: Ertrag = Haben, Nettobetrag: 1760 EUR / 110 x 100 = 1600 EUR
- Konto 4800 Umsatzsteuer (Passivkonto): Zugang = Haben, Betrag: 10 % von 1600 EUR = 160 EUR

Zu 5. Gutschrift wegen Mängelrüge
- Konto 5001 Erlösb./E.E,Gutschrift-Nettobetrag: 5 % von 1760 EUR = 88 EUR (brutto); 88 EUR / 110 x 100 = 80 EUR

B U C H U N G S S Ä T Z E			EUR				EUR
1.	2020	Hilfstoffe	1000	an	4400	Verb.a.L.u.L	1100
	2600	Vorsteuer	100				
2.	2021	Bezugsko./H.	230	an	2880	Kasse	253
	2600	Vorsteuer	23				
3.	4400	Verb.a.L.u.L	1100	an	2800	Bank	1078
					2022	Nachlässe/H.	20
					2600	Vorsteuer	2
4.	2400	Ford.a.L.u.L	1760	an	5000	Ums.erl./E.E	1600
					4800	Umsatzsteuer	160
5.	5001	Erlösb./E.E	80	an	2400	Ford.a.L.u.L	88
	4800	Umsatzsteuer	8				
		S U M M E	4301			S U M M E	4301

8.2 Lösung-Nr. 59 (Eigenverbrauch)

Zu 1. Privatentnahme
- Konto 3001 Privatkonto (Unterkonto): Entnahme = Soll, Bruttobetrag: 500 EUR / 100 x 110 = 550 EUR
- Konto 5420 Eigenverbr. (Ertragskonto): Ertrag = Haben, Nettobetrag
- Konto 4800 Umsatzsteuer (Passivkonto): Zugang = Haben, USt-Betrag

Zu 2. Privatentnahme (bar)
- Konto 3001 Privatkonto (Unterkonto): Entnahme = Soll, Betrag
- Konto 2880 Kasse (Aktivkonto): Abgang = Haben, Betrag

Zu 3. PKW-Entnahme
- Konto 3001 Privatkonto (Unterkonto): Entnahme = Soll, Bruttobetrag: 5000 EUR / 100 x 10 = 5500 EUR
- Konto 0840 Betr.u.G.A. (Aktivkonto): Abgang = Haben, Betrag = Buchwert
- Konto 5460 Ertr.a.Abg. (Ertragskonto): Ertrag = Haben, Betrag: Veräußerungsgewinn: 5000 EUR ./. 1000 EUR = 4000 EUR
- Konto 4800 Umsatzsteuer (Passivkonto): Zugang = Haben, USt-Betrag

Zu 4. Gaststätten-Rechnung
- Konto 6860 Gästebew.u.R (Aufwandskonto): Aufwand = Soll, Nettobetrag: 110 EUR / 110 x 100 = 100 EUR
- Konto 2800 Kasse Aktivkonto): Abgang = Haben, Bruttobetrag
- Konto 2600 Vorsteuer (Aktivkonto): Zugang = Soll,Vorsteuerbetrag

Zu 5.Privatabgrenzung gem. EStG und UStG
- Konto 3001 Privatkonto: Entnahme = Soll, Betrag: 20 % von Gaststättenrechnung/brutto = 22 EUR
- Konto 6860 Gästbew.u.R. (Aufwandskonto): Berichtigung = Haben, Betrag: 20 % von 100 EUR = 20 EUR
- Konto 2600 Vorsteuer (Forderung): Berichtigung = Haben, Betrag: 20 % von 10 EUR = 2 EUR

B U C H U N G S S Ä T Z E			EUR				EUR
1.	3001	Privatkonto	550	an	5420	Eigenverbr.	500
					4800	Umsatzsteuer	50
2.	3001	Privatkonto	1500	an	2880	Kasse	1500
3.	3001	Privatkonto	5500	an	0840	Betr.u.G.A.	1000
					5460	Ertr.a.Abg.	4000
					4800	Umsatzsteuer	500
4.	6860	Gästebew.u.R	100	an	2880	Kasse	110
	2600	Vorsteuer	10				
5.	3001	Privatkonto	22	an	2880	Gästbew.u.R.	20
					2600	Vorsteuer	2
		S U M M E	7682			S U M M E	7682

8.3 Lösung-Nr. 60 (Personalbuchungen)

Zu 1. Gehaltsüberweisung
- Konto 6300 Gehälter (Aufwandskonto): Aufwand = Soll, Betrag: Brutto-Lohnsumme
- Konto 2800 Bank (Aktivkonto): Abgang = Haben, Betrag: 15000 EUR ./. 300 EUR ./. 250 EUR + 500 EUR = 14950 EUR
- Konto 4830 Verb.g.F.B. (Passivkonto): Zugang = Haben, Lohnst.betrag
- Konto 4840 Verb.g.S.V.T (Passivkonto): Zugang = Haben, AN-Beiträge

Zu 2. Arbeitgeberanteile
- Konto 6400 AG-Ant.z.S.V (Aufwand): Aufwand = Soll, AG-Anteile
- Konto 4840 Verb.g.S.V.T (Passivkonto): Zugang = Haben, AG-Anteile

Zu 3. Aushilfskräfte
- Konto 6200 Löhne (Aufwandskonto): Aufwand = Soll, Bruttolohnsumme
- Konto 2880 Kasse (Aktivkonto): Abgang = Haben, Lohnsumme (keine Abz.)

Zu 4. Pauschallohnsteuer
- Konto 7090 So.betr.St. (Aufwandskonto): Aufwand = Soll, Lohnst.betrag
- Konto 4830 Verb.g.F.B. (Passivkonto): Zugang = Haben, Lohnst.betrag

Zu 5. Banküberweisung
- Konto 4830 Verb.g.F.B. (Passivkonto): Abgang = Soll, Lohnst.betrag
- Konto 2800 Bank (Aktivkonto): Abgang = Haben, Lohnst.betrag

B U C H U N G S S Ä T Z E			EUR				EUR
1.	6300	Gehälter	15000	an	2800	Bank	14950
	2650	Ford.a.M.A.	500		4830	Verb.g. F.B.	300
					4840	Verb.g.S.V.T	250
2.	6400	AG-Ant.z.S.V	250	an	4840	Verb.g.S.V.T	250
3.	6200	Löhne	2150	an	2880	Kasse	2150
4.	7090	So.betr.St.	430	an	4830	Verb g.F.B.	430
5.	4830	Verb.g.F.B.	430	an	2800	Bank	430
		S U M M E	18760			S U M M E	18760

8.4 Lösung-Nr. 61 (Gehaltsbuchung mit Sachbezügen)

Nr.		Konto	Bezeichnung	Betrag
1.	Per	6210	Löhne u. Gehälter	4.000,--
	an	3720	Verbindl. a. Lohn u. Gehalt	4.000,--
2.	Per	6230	Freiw. Soz. Aufwendungen	649,--
	an	3720	Verbindl. a. Lohn u. Gehalt	649,--
3.	Per	3720	Verbindl. a. Lohn u. Gehalt	1.043,53
	an	3730	Verbindl. a. Lohn- u. Ki.St.	1.043,53
4.	Per	3720	Verbindl. a. Lohn u. Gehalt	904,22
	an	3740	Verbindl. i. Rahmen d. soz. Si.	904,22
5.	Per	3720	Verbindl. a. Lohn u. Gehalt	280,--
	an	5880	Sachbezüge 0 % USt	280,--
6.	Per	3720	Verbindl. a. Lohn u. Gehalt	330,--
	an	5884	Sachbezüge 16 % USt	284,48
		3806	Umsatzsteuer 16 %	45,52
7.	Per	6220	Gesetzl. Soz. Aufwend.(AG-Ant.)	904,22
	an	3740	Verbindl. i. Rahmen d. soz. Si.	904,22
8.	Per	6220	Gesetz. Soz. Aufwend. (AG-Ant.)	4,65
	an	3740	Verbindl. i. Rahmen d. soz. Si.	4,65
9.	Per	3720	Verbindl. a. Lohn u. Gehalt	2.013,25
	an	1800	Bank	2.013,25
10.	Per	3720	Verbindl. a. Lohn u. Gehalt	78,--
	an	1800	Bank	78,--
11.	Per	3730	Verbindl. a. Lohn- u. Ki.St.	1.043,25
	an	1800	Bank	1.043,25
12.	Per	3740	Verbindl. i. Rahmen d. soz. Si.	1.813,09
	an	1800	Bank	1.813,09
			S U M M E (Soll bzw. Haben)	13.063,21

8.5 Lösung-Nr. 62 (Steuerzahlungen)

Zu 1. Lohnsteuerzahlung
- Konto 4830 Verb.g.F.B. (Passivkonto): Abgang = Soll
- Konto 2800 Bank (Aktivkonto): Abgang = Haben

Zu 2. Grundsteuer-Vorauszahlung
- Konto 7020 Grundsteuer: Aufwand = Soll
- Konto 2800 Bank (Aktivkonto): Abgang = Haben

Zu 3. Körperschaftsteuer-Vorauszahlung
- Konto 7710 Körp.sch.st. (Aufwandskonto): Aufwand = Soll
- Konto 2800 Bank (Aktivkonto): Abgang = Haben

Zu 4. Auflösung der Gewerbesteuer-Rückstellung
- Konto 3800 GewESt/Rü. (Passivkonto): Abgang = Soll, Betrag: 15000 EUR
- Konto 2800 Bank (Aktivkonto): Abgang = Haben, Betrag: 12500 EUR
- Konto 5480 Ertr.a.H.v.R (Ertragskonto): Ertrag = Haben, Betrag: 15000 EUR (Rückst.) ./. 12500 EUR (Nachzahl.) = 2500 EUR (Ertrag)

Zu 5. Erbschaftsteuer
- Konto 3001 Privatkonto: Entnahme = Soll
- Konto 2800 Bank (Aktivkonto): Abgang = Haben

B U C H U N G S S Ä T Z E			EUR				EUR
1.	4830	Verb.g.F.B.	17500	an	2800	Bank	17500
2.	7020	Grundst.	750	an	2800	Bank	750
3.	7710	Körp.sch.st.	3500	an	2800	Bank	3500
4.	3800	GewESt/Rü.	15000	an	2800	Bank	12500
					5480	Ertr.a.H.v.R	2500
5	3001	Privatkonto	1620	an	2800	Bank	1620
		S U M M E	38370			S U M M E	38370

8.6 Lösung-Nr. 63 (Laufende Buchungen)

Zu 1. Banküberweisung
- Konto 2800 Bank (Aktivkonto): Zugang = Soll, Betrag:
  2200 EUR - 44 EUR = 2156 EUR
- Konto 5001 Erlösb./E.E: Betrag:
  2 % von 2200 = 44 EUR (brutto); 44 / 10 x 100 = 40 EUR
- Konto 4800 Umsatzsteuer: Berichtigung = Soll, Betrag:
  10 % von 40 E'UR = 4 EUR
- Konto 2400 Ford.a.L.u.L (Aktivkonto): Abgang = Haben, Betrag:
  Rechnungsbetrag / brutto

Zu 2. Verkauf des Betriebs-Pkw
- Konto 2880 Kasse (Aktivkonto): Zugang = Soll, Betrag:
  5000 / 100 x 110 = 5500 EUR (brutto)
- Konto 6962 Verl.a.d.Abg.: Aufwand = Soll, Betrag:
  Buchwert - Verkaufspreis/netto = 7000 - 5000 = 2000 EUR
- Konto 0840 Fuhrpark (Aktivkonto): Abgang = Haben, Betrag:
  Buchwert = 7000 EUR
- Konto 4800 Umsatzsteuer (Passivkonto): Zugang = Haben, Betrag:
  10 % vom Verkaufspreis/netto = 10 % v. 5000 = 500 EUR

Zu 3. Dividendeneingang
- Konto 2800 Bank (Aktivkonto): Zugang = Soll, Betrag: 525 EUR
- Konto 3001 Privatkonto: Entnahme = Soll, Betrag: 475 EUR
- Konto 5500 Ertr.a.Bet.: Ertrag = Haben, Betrag = 1000 EUR

Zu 4. Werbeanzeige für Filiale (Bilanzierungshilfe)
- Konto 0100 A./Ing.d.GB (Aktivkonto): Zugang = Soll, Betrag: Nettobe.
- Konto 2600 Vorsteuer (Aktivkonto): Zugang = Soll,
- Konto 2800 Bank (Aktivkonto): Abgang = Haben, Bruttobetrag

Zu 5. Eingang der Konkursquote
- Konto 2800 Bankkonto (Aktivkonto): Zugang = Soll, Betrag: 2200 EUR
- Konto 6951 Ab.a.Ford.: Aufwand = Soll, Betrag (Ausfallbetrag):
  80 % von 10000 = 8000 EUR
- Konto 4800 Umsatzsteuer (Verbindl.): Berichtigung = Soll, Betrag:
  10 % vom Ausfallbetrag = 10 % von 8000 = 800 EUR
- Konto 2470 Zweif.Forder. (Aktivkonto): Abgang = Haben, Bruttobetrag

B U C H U N G S S Ä T Z E			EUR				EUR
1.	2800	Bank	2156	an	2400	Ford.a.L.u.L	2200
	5001	Erlösb./E.E	40				
	4800	Umsatzsteuer	4				
2.	2880	Kasse	5500	an	0840	Fuhrpark	7000
	6962	Verl.a.Abg.	2000		4800	Umsatzsteuer	500
3.	2800	Bank	525	an	5500	Ertr.a.Bet.	1000
	3001	Privatkonto	475				
4.	0100	A./Ing.d.G.B	3000	an	2800	Bank	3300
	2600	Vorsteuer	300				
5.	2800	Bank	2200	an	2470	Zweif.Ford.	11000
	6951	Ab.a.Ford.	8000				
	4800	Umsatzsteuer	800				
		S U M M E	25000			S U M M E	25000

8.7 Lösung-Nr. 64 (Wertpapierbuchungen)

Zu 1. Aktienkauf
- Konto 2720 Aktien (Aktivkonto): Zugang = Soll, Betrag: 9000 EUR + 126 EUR = 9126 EUR (Anschaffungskosten)
- Konto 2800 Bank (Aktivkonto): Abgang = Haben, Belastungsbetrag

Zu 2. Aktienverkauf
- Konto 2720 Aktien (Aktivkonto): Abgang = Haben, Betrag: 9126 EUR / 2 = 4563 EUR (Anschaffungskosten)
- Konto 2800 Bank Aktivkonto): Zugang = Soll, Betrag: 5000 EUR ./. 75 EUR = 4925 EUR
- Konto 5780 Ertr.a.WP/UV (Ertragskonto): Ertrag = Haben, Betrag: 4925 EUR (Erlös) ./. 4563 (Anschaff.kosten) = 362 EUR

Zu 3. Wertpapiere-Abschreibung
- Konto 7420 Ab.a.WP/UV (Aufwandskonto): Aufwand = Soll, Betrag: 4563 EUR (Anschaff.wert)./. 3500 EUR (Kurswert) = 1063 EUR Kursverlust
- Konto 2720 Aktien (Aktivkonto): Abschreibung = Haben,Betrag: Kursverlust

Zu 4. Aktienverkauf
- Konto 2800 Bank (Aktivkonto): Zugang = Soll
- Konto 7460 Verl.a.Abg.: Aufwand = Soll, Betrag: 3500 - 3150 = 350 EUR
- Konto 2720 Aktien (Aktivkonto): Abgang = Haben, Betrag: Buchwert = 3500 EUR

Zu 5. Zinseinnahmen
- Konto 2800 Bank (Aktivkonto): Zugang = Soll
- Konto 5780 Ertr.a.Wertpap.d.U.V.: Erträge = Haben

B U C H U N G S S Ä T Z E			EUR				EUR
1.	2720	Aktien	9126	an	2800	Bank	9126
2.	2800	Bank	4925	an	2720	Aktien	4563
					5780	Ertr.a.WP/UV	362
3.	7420	Ab.a.WP/UV	1063	an	2720	Aktien	1063
4.	2800	Bank	3150	an	2720	Aktien	3500
	7460	Verl.a.Abg.	350				
5.	2800	Bank	900	an	5780	Ertr.a.WP/U.V.	900
		S U M M E	19514			S U M M E	19514

8.8 Lösung-Nr. 65 (Delcredere-Bildung)

Zu 1. Delcredere-Bildung
- Konto 6953 PWB z.Ford. (Aufwandskonto): Aufwand = Soll
- Konto 3680 PWB z.Ford. (Passivkonto): Zugang = Haben

Zu 2. Uneinbringliche Forderung
- Konto 3680 PWB z.Ford. (Passivkonto): Abgang = Soll, Nettobetrag: 5500 EUR / 110 x 100 = 5000 EUR
- Konto 2470 Zweif.Ford. (Aktivkonto): Abgang = Haben, Bruttobetrag
- Konto 4800 Umsatzsteuer (Passivkonto): Korrektur = Soll

Zu 3. Dividenden-Eingang
- Konto 2800 Bank (Aktivkonto): Zugang = Soll, Betrag: 1400 (Bardiv.) ./. 350 (Kap.ertr.st.) = 1050 EUR (Nettodiv.)
- Konto 3001 Privatkonto (Unterkonto): Entnahme = Soll, Betrag: 600 (KSt-Gutschr.) + 350 (KapESt-Gutschr.) = 950 EUR (St.Gutschr.)
- Konto 5780 Ertr.a.WP/UV (Ertragskonto): Ertrag = Haben, Betrag: 1400 (Bardiv.) + 600 (Körp.st.gutha.) = 2000 EUR (Ertrag)

Zu 4. Aufsichtsrat-Tantieme
- Konto 6780 Aufw.f.AR (Aufwandskonto): Aufwand = Soll
- Konto 3990 Rück.f.Aufw. (Passivkonto): Zugang = Haben

Zu 5. Rückstellung für Gewerbeertragsteuer
- Konto 7700 Gew.ertr.st. (Aufwandskonto): Aufwand = Soll, Betrag: 42000 EUR (GewESt-Schuld) ./. 36000 EUR (Vorausz.) = 6000 EUR (Rü.)
- Konto 3800 GewESt/Rü. (Passivkonto): Zugang = Haben

B U C H U N G S S Ä T Z E			EUR				EUR
1.	6953	PWB z.Ford.	7500	an	3680	PWB z. Ford.	7500
2.	3680	PWB z.Ford.	5000	an	2470	Zweif. Ford.	5500
	4800	Umsatzsteuer	500				
3.	2800	Bank	1050	an	5780	Ertr.a.WP/UV	2000
	3001	Privatkonto	950				
4.	6780	Aufw.f.A.R.	10000	an	3990	Rück.f.Aufw.	10000
5.	7700	Gew.ertr.st.	3000	an	3800	GewESt/Rü.	3000
		S U M M E	28000			S U M M E	28000

8.9 Lösung-Nr. 66 (Anlagegüter)

Zu 1. Maschinenverkauf
- Konto 2860 Ku.schecks (Aktivkonto): Zugang = Soll, Bruttobetrag
- Konto 0700 Maschinen (Aktivkonto): Abgang = Haben, Buchwert: 10000 EUR (Anschaff.kosten) ./. 7000 EUR (Wertber.) = 3000 EUR
- Konto 5460 Ertr.a.Abg. (Ertragskonto): Ertrag = Haben, Betrag: Veräußerungsgewinn: 5000 EUR (VP/netto) ./. 3000 EUR (BW) = 2000 EUR
- Konto 4800 Umsatzsteuer (Passivkonto): Zugang = Haben, USt-Betrag

Zu 2. Wertberichtigungs-Auflösung
- Konto 3610 Wertb.z.S.A. (Passivkonto), Abgang = Soll, Auflös.betrag
- Konto 0700 Maschinen (Aktivkonto), Abschreibung = Haben, Auflös.betr.

Zu 3. Zielkauf
- Konto 0800 Betr.u.G.A. (Aktivkonto): Zugang = Soll, Nettobetrag: 8250 EUR / 110 x 100 = 7500 EUR
- Konto 4400 Verb.a.L.u.L (Passivkonto): Zugang = Haben, Bruttobetrag
- Konto 2600 Vorsteuer (Aktivkonto): Zugang = Soll, Vorsteuerbetrag

Zu 4. Fracht
- Konto 0800 Betr.u.G.A. (Bestandskonto): Anschaffungsnebenkosten, Nettobetrag
- Konto 2880 Kasse (Aktivkonto): Abgang = Haben, Bruttobetrag: 150 EUR / 100 x 110 = 165 EUR
- Konto 2600 Vorsteuer (Aktivkonto): Zugang = Soll

Zu 5. Anzahlung für Werkzeugmaschine
- Konto 0900 Gel.Anz./S.A (Aktivkonto): Zugang = Soll, Nettobetrag
- Konto 2800 Bank (Aktivkonto): Abgang = Haben, Bruttobetrag: 10000 EUR / 100 x 110 = 11000 EUR
- Konto 2600 Vorsteuer (Aktivkonto): Zugang = Soll, Vorsteuerbetrag

B U C H U N G S S Ä T Z E			EUR				EUR
1.	2860	Ku.schecks	5500	an	0700	Maschinen	3000
					5460	Ertr.a.Abg.	2000
					4800	Umsatzsteuer	500
2.	3610	Wertb.z.S.A.	7000	an	0700	Maschinen	7000
3.	0800	Betr.u.G.A.	7500	an	4400	Verb.a.L.u.L	8250
	2600	Vorsteuer	750				
4.	0800	Betr.u.G.A.	150	an	2880	Kasse	165
	2600	Vorsteuer	15				
5.	0900	Gel.Anz./S.A	10000	an	2800	Bank	11000
	2600	Vorsteuer	1000				
		S U M M E	31915			S U M M E	31915

8.10 Lösung-Nr. 67 (Materialbuchungen)

Zu 1. Materialentnahme
- Konto 6000 Aufw.f.R.St. (Aufwandskonto): Aufwand = Soll, keine USt
- Konto 2000 Rohstoffe (Aktivkonto): Abgang = Haben, keine USt

Zu 2. Bareinkauf
- Konto 2020 Hilfsstoffe (Aktivkonto): Zugang = Soll, Nettobetrag: 2200 EUR / 110 x 100 = 2000 EUR
- Konto 2880 Kasse (Aktivkonto): Abgang = Haben, Bruttobetrag
- Konto 2600 Vorsteuer (Aktivkonto): Zugang = Soll

Zu 3. Hilfsstoffe-Verbrauch
- Konto 6020 Aufw.f.H.St.(Aufwandskonto): Aufwand = Soll
- Konto 2020 Hilfsstoffe (Aktivkonto): Abgang = Haben

Zu 4. Rohstoffe-Schwund
- Konto 6000 Aufw.f.R.St. (Aufwandskonto): Aufwand = Soll
- Konto 2000 Rohstoffe (Aktivkonto): Abgang = Haben

Zu 5. Gehaltsvorschuß
- Konto 2650 Ford.a.M.A. (Aktivkonto): Zugang = Soll
- Konto 2880 Kasse (Aktivkonto): Abgang = Haben

B U C H U N G S S Ä T Z E			EUR				EUR
1.	6000	Aufw.f.R.St.	1500	an	2000	Rohstoffe	1500
2.	2020	Hilfssstoffe	1000	an	2880	Kasse	1100
	2600	Vorsteuer	100				
3.	6020	Aufw.f.H.St.	10000	an	2020	Hilfsstoffe	10000
4.	6000	Aufw.f.R.St.	2000	an	2000	Rohstoffe	2000
5.	2650	Ford.a.M.A.	1000	an	2880	Kasse	1000
		S U M M E	15600			S U M M E	15600

8.11 Lösung-Nr. 68 (Erzeugnisbuchungen)

Zu 1. Bestandserhöhung
- Konto 2200 Fertigerz. (Aktivkonto): Zugang = Soll
- Konto 5200 Best.veränd. (Ertragskonto): Ertrag = Haben

Zu 2. Eigenleistung
- Konto 0700 Maschinen (Aktivkonto): Zugang = Soll
- Konto 5300 Akt.Eigenl. (Ertragskonto): Ertrag = Haben, Betrag: Herstellungskosten

Zu 3. Bestandsverminderung
- Konto 5200 Best.veränd. (Ertragskonto): Verminderung = Soll (Aufwand)
- Konto 2100 Unfert.Erz. (Aktivkonto): Abgang = Haben

Zu 4. Anzeigenserie
- Konto 0100 Ing./E.d.GB (Aktivkonto): Zugang = Soll, Nettobetrag
- Konto 2800 Bank (Aktivkonto): Abgang = Haben, Bruttobetrag: 5000 EUR / 100 x 110 = 5500 EUR
- Konto 2600 Vorsteuer (Aktivkonto): Zugang = Soll

Zu 5. Darlehen
- Konto 1200 Ausleih.a.VU (Aktivkonto): Zugang = Soll
- Konto 2800 Bank (Aktivkonto): Abgang = Haben

B U C H U N G S S Ä T Z E			EUR				EUR
1.	2200	Fertigerz.	6000	an	5200	Best.veränd.	6000
2.	0700	Maschinen	2250	an	5300	Akt.Eigenl.	2250
3.	5200	Best.veränd.	10000	an	2100	Unfert. Erz.	10000
4.	0100	Ing./E.d.GB	5000	an	2800	Bank	5500
	2600	Vorsteuer	500				
5.	1200	Ausleih.a.VU	10000	an	2800	Bank	10000
		S U M M E	33750			S U M M E	33750

8.12 Lösung-Nr. 69 (Abschreibungen / Sachanlagen)

Zu 1. PKW-Abschreibung
- Konto 6520 Ab.a.S.A. (Aufwandskonto): Aufwand = Soll
- Konto 0840 Fuhrpark (Aktivkonto): Abschreibung = Haben

Zu 2. Unfall
- Konto 6550 Außerp. Ab. (Aufwandskonto): Aufwand = Soll
- Konto 0840 Fuhrpark (Aktivkonto): Abschreibung = Haben

Zu 3. Verschrottung
- Konto 2880 Kasse (Aktivkonto): Zugang = Soll, Bruttobetrag: 100 EUR /100 x 110 = 110 EUR
- Konto 0800 Betr.u.G.A. (Aktivkonto): Abgang = Haben, Nettobetrag
- Konto 4800 Umsatzsteuer (Passivbetrag): Zugang = Haben, USt-Betrag

Zu 4. Privatentnahme
- Konto 3001 Privatkonto (Unterkonto): Entnahme = Soll
- Konto 2880 Kasse (Aktivkonto): Abgang = Haben

Zu 5. Privatentnahme von Fertigerzeugnissen
- Konto 3001 Privatkonto (Unterkonto): Entnahme = Soll, Bruttobetrag: 250 EUR /100 x 110 = 275 EUR
- Konto 5420 Eigenverbr. (Ertragskonto): Ertrag = Haben, Nettobetrag
- Konto 4800 Umsatzsteuer (Passivkonto): Zugang = Haben

B U C H U N G S S Ä T Z E			EUR				EUR
1.	6520	Ab.a.S.A.	1500	an	0840	Fuhrpark	1500
2.	6550	Außerp.Ab.	5900	an	0840	Fuhrpark	5900
3.	2880	Kasse	110	an	0840	Fuhrpark	100
					4800	Umsatzsteuer	10
4.	3001	Privatkonto	1000	an	2880	Kasse	1000
5.	3001	Privatkonto	275	an	5420	Eigenverbr.	250
					4800	Umsatzsteuer	25
		S U M M E	8785			S U M M E	8785

8.13 Lösung-Nr. 70 (Abschreibungen / Forderungen)

Zu 1. Konkurs-Eröffnung
- Konto 2470 Zweif.Ford. (Aktivkonto): Zugang = Soll
- Konto 2400 Ford.a.L.u.L (Aktivkonto): Abgang = Haben

Zu 2. Konkursquote
- Konto 6950 Ab.a.Ford. (Aufwandskonto): Aufwand = Soll, Betrag: Ausfallbetrag / netto.
  Ausfallbetrag / brutto: 60 % von 27500 EUR = 16500 EUR
  Ausfallbetrag / netto: 16500 EUR /110 x 100 = 15000 EUR
- Konto 2470 Zweif.Ford. (Aktivkonto): Abschreibung = Haben, Betrag: Ausfallbetrag / brutto
- Konto 4800 Umsatzsteuer (Passivkonto): Korrektur = Soll, Betrag: 10 % von Ausfallbetrag / Netto = 1500 EUR

Zu 3. Uneinbringliche Forderung
- Konto 3680 PWB z.Ford. (Passivkonto): Abgang = Soll, Nettobetrag: 1100 EUR / 110 x 100 = 1000 EUR
- Konto 2400 Ford.a.L.u.L (Aktivkonto): Abgang = Haben, Bruttobetrag
- Konto 4800 Umsatzsteuer (Aktivkonto): Korrektur = Soll

Zu 4. Aushilfslöhne
- Konto 6200 Löhne (Aufwandskonto): Aufwand = Soll, Lohnsumme
- Konto 2880 Kasse (Aktivkonto): Abgang = Haben, Lohnsumme

Zu 5.Pauschallohnsteuer
- Konto 7090 So.betr.St. (Aufwandskonto): Aufwand = Soll
- Konto 4830 Verb.g.F.B. (Passivkonto): Zugang = Haben

B U C H U N G S S Ä T Z E			EUR				EUR
1.	2470	Zweif.Ford.	27500	an	2400	Ford.a.L.u.L	27500
2.	6950	Ab.a.Ford.	15000	an	2470	Zweif.Ford.	16500
	4800	Umsatzsteuer	1500				
3.	3680	PWB z.Ford.	1000	an	2400	Ford.a.L.u.L	1100
	4800	Umsatzsteuer	100				
4.	6200	Löhne	2200	an	2880	Kasse	2200
5.	7090	So.betr.St.	440	an	4830	Verbg.g.F.B.	440
		S U M M E	47740			S U M M E	47740

8.14 Lösung-Nr. 71 (Zeitliche Abgrenzungen)

Zu 1. Kfz-Versicherungsbeiträge
- Konto 6910 Kfz-Vers.B. (Aufwandskonto): Aufwand = Soll, Betrag: Anteil Dezember: 300 EUR / 12 = 25 EUR
- Konto 2800 Bank (Aktivkonto): Abgang = Haben, Betrag: Gesamtbetrag
- Konto 2930 Akt.R.A.P. (Aktivkonto): Zugang = Soll, Betrag: Anteil/neues Jahr: 300 EUR /12 x 11 = 275 EUR

Zu 2. Dezembermiete
- Konto 2660 And.so.Ford. (Aktivkonto): Zugang = Soll
- Konto 5400 Mieterträge (Ertragskonto): Ertrag = Haben

Zu 3. Darlehenszinsen
- Konto 7510 Zinsaufw. (Aufwandskonto): Aufwand = Soll
- Konto 4890 Übr.so.Verb. (Passivkonto): Zugang = Haben

Zu 4. Zieleinkauf
- Konto 2000 Rohstoffe (Aktivkonto): Zugang = Soll, Nettobetrag: 11000 EUR / 110 x 100 = 10000 EUR
- Konto 4400 Verb.a.L.u.L (Passivkonto): Zugang = Haben, Bruttobetrag
- Konto 2600 Vorsteuer (Aktivkonto): Zugang = Soll

Zu 5. Privatentnahme
- Konto 3001 Privatkonto (Unterkonto): Entnahme = Soll
- Konto 2880 Kasse (Aktivkonto): Abgang = Haben

B U C H U N G S S Ä T Z E			EUR				EUR
1.	6910	Kfz-Vers.B.	25	an	2800	Bank	300
	2930	Akt.R.A.P.	275				
2.	2660	And.so.Ford.	500	an	5400	Mieterträge	500
3.	7510	Zinsaufw.	350	an	4890	Übr.so.Verb.	350
4.	2000	Rohstoffe	10000	an	4400	Verb.a.L.u.L	11000
	2600	Vorsteuer	1000				
5.	3001	Privatkonto	2000	an	2880	Kasse	2000
		S U M M E	14150			S U M M E	14150

8.15 Lösung-Nr. 72 (Jahresabschluß / AG)

Zu 1. Vorstandstantieme
- Konto 6320 So.t/v.Aufw. (Aufwandskonto): Aufwand = Soll
- Konto 4870 Verb.g.G.u.O. (Passivkonto): Zugang = Haben

Zu 2. Diebstahl
- Konto 6962 Verl.a.A./SA (Aufwandskonto): Aufwand = Soll
- Konto 0800 Betr.u.G.A. (Aktivkonto): Abgang = Haben

Zu 3. Werbekampagne
- Konto 0100 Ing./E.d.GB (Aktivkonto): Zugang = Soll, Nettobetrag: 5500 EUR / 110 x 100 = 5000 EUR
- Konto 2800 Bank (Aktivkonto): Abgang = Haben, Bruttobetrag
- Konto 2600 Vorsteuer (Aktivkonto): Zugang = Soll, Vorsteuerbetrag

Zu 4. Passive latente Steuern
- Konto 7750 Latente St. (Aufwandkonto): Aufwand = Soll
- Konto 3850 Lat.St./Rü. (Passivkonto): Zugang = Haben

Zu 5. Bewirtung
- Konto 6860 Gästebew.u.R (Aufwandskonto): Aufwand = Soll, Nettobetrag: 275 EUR / 110 x 100 = 250 EUR
- Konto 2880 Kasse (Aktivkonto): Abgang = Haben, Bruttobetrag
- Konto 2610 Aufzuteil. Vorsteuer (Aktivkonto): Zugang = Soll, Vorsteuerbetrag

B U C H U N G S S Ä T Z E			EUR				EUR
1.	6320	So.t/v.Aufw.	11000	an	4870	Verb.g.G.u.O.	11000
2.	6962	Verl.a.A./SA	500	an	0800	Betr.u.G.A.	500
3.	0100	Ing./E.d.GB	5000	an	2800	Bank	5500
	2600	Vorsteuer	500				
4.	7750	Lat.Steuern	1500	an	3850	Lat.St./Rü.	1500
5.	6860	Gästebew.u.R	250	an	2880	Kasse	275
	2610	Vorsteuer	25				
		S U M M E	18775			S U M M E	18775

9 LÖSUNGEN: BUCHUNGSGÄNGE

9.1 Lösung-Nr. 73 (Bestandskonten)

Laufende Buchungen:

Zu 1. Bareinkauf:
Warenkonto: Zugang = Sollbuchung
Kassenkonto: Abgang = Habenbuchung

Zu 2. Barzahlung:
Kassenkonto: Abgang = Habenbuchung
Verbindlichkeiten (Passivkonto): Abgang = Sollbuchung

Zu 3. Kreditauszahlung:
Kassenkonto: Zugang = Sollbuchung
Verbindlichkeiten (Passivkonto): Zugang = Habenbuchung

Zu 4. Barkauf:
Einrichtungskonto: Zugang = Sollbuchung
Kassenkonto: Abgang = Habenbuchung

Zu 5. Barverkauf:
Einrichtungskonto: Abgang = Habenbuchung
Kassenkonto: Zugang = Sollbuchung

T A G E S J O U R N A L

GF. Nr.	Konto Nr.	Konto-Bezeichnung	Betrag (EUR)	an	Konto Nr.	Konto-Bezeichnung	Betrag (EUR)
1.		Warenvorräte	1000	an		Kasse	1000
2.		Verbindlichk.	5000	an		Kasse	5000
3.		Kasse	2500	an		Verbindlichk.	2500
4.		Einrichtung	1250	an		Kasse	1250
5.		Kasse	500	an		Einrichtung	500
		S U M M E	10250			S U M M E	10250

Endgültige Abschlußbuchungen:

Zu a. Abschluß des Einrichtungskontos (Aktivkonto):
Kontensumme auf der Sollseite (AB + Zugänge): 37250 EUR
Saldo (Endbestand): 37250 - 500 (Abgang) = 36750 EUR

Zu b: Abschluß des Kassenkontos (Aktivkonto):
Kontensumme auf der Sollseite (AB + Zugänge): 9500 EUR
Summe der Abgänge (Ausgaben): 7250 EUR
Saldo (Endbestand): 9500 - 7250 = 2250 EUR

Zu c. Abschluß des Warenkontos (Aktivkonto):
Kontensumme auf der Sollseite (AB + Zugänge): 8500 EUR
Saldo (Endbestand): 8500 - 0 (keine Abgänge) = 8500 EUR

Zu d. Abschluß des Eigenkapital-Kontos (Passivkontos)
Kontensumme auf der Habenseite (AB + Zugänge): 15000 EUR
Saldo (Endbestand): 15000 - 0 (keine Abgänge) = 15000 EUR

Zu e. Abschluß des Verbindlichkeiten-Kontos (Passivkonto):
Kontensumme auf der Habenseite (AB + Zugänge): 75000 EUR
Saldo (Endbestand): 75000 - 10000 (Abgänge) = 65000 EUR

A B S C H L U S S J O U R N A L

GF. Nr.	Konto Nr.	Konto-Bezeichnung	Betrag (EUR)	an	Konto Nr.	Konto-Bezeichnung	Betrag (EUR)
a.		Schlußbilanz	36750	an		Einrichtung	36750
b.		Schlußbilanz	2250	an		Kasse	2250
c.		Schlußbilanz	8500	an		Warenvorräte	8500
d.		Eigenkapital	15000	an		Schlußbilanz	15000
e.		Verbindlichk.	32500	an		Schlußbilanz	32500
		S U M M E	95000			S U M M E	95000

```
S           Einrichtung          H
==================================
AB         36000   | 5.        500
4.          1250   | /----- -------
/----- -------     | /----- -------
/----- -------     | /----- -------
/----- -------     | /----- -------
/----- -------     | /----- -------
/----- -------     | /----- -------
/----- -------     | a.EB    36750
SU         37250   | SU      37250
```

```
S              Kasse             H
==================================
AB          6500   | 1.       1000
3.          2500   | 2.       5000
5.           500   | 4.       1250
------ -------     | ------ -------
------ -------     | ------ -------
------ -------     | ------ -------
------ -------     | ------ -------
------ -------     | b.EB     2250
SU          9500   | SU       9500
```

```
S          Warenvorräte          H
==================================
AB          7500   | ------ -------
1.          1000   | ------ -------
------ -------     | ------ -------
------ -------     | ------ -------
------ -------     | ------ -------
------ -------     | ------ -------
------ -------     | ------ -------
------ -------     | c.EB     8500
SU          8500   | SU       8500
```

```
S           Eigenkapital         H
==================================
------ -------     | AB      15000
------ -------     | ------ -------
------ -------     | ------ -------
------ -------     | ------ -------
------ -------     | ------ -------
------ -------     | ------ -------
------ -------     | ------ -------
d.EB       15000   | ------ -------
SU         15000   | SU      15000
```

```
S        Verbindlichkeiten       H
==================================
2.          5000   | AB      35000
------ -------     | 3.       2500
------ -------     | ------ -------
------ -------     | ------ -------
------ -------     | ------ -------
------ -------     | ------ -------
------ -------     | ------ -------
e.EB       32500   | ------ -------
SU         37500   | SU      37500
```

```
S           Schlußbilanz         H
==================================
Einri.     36750   | Eigenk. 15000
Kasse       2250   | Verbi.  32500
Waren       8500   | ------ -------
------ -------     | ------ -------
------ -------     | ------ -------
------ -------     | ------ -------
------ -------     | ------ -------
------ -------     | ------ -------
SU         47500   | SU      47500
```

9.2 Lösung-Nr. 74 (Erfolgskonten)

Laufende Buchungen:

Zu 1. Lohnzahlung
Lohnkonto: Aufwand = Sollbuchung
Kassenkonto: Abgang = Habenbuchung

Zu 2. Büromiete:
Mietaufwandskonto: Aufwand = Sollbuchung
Kassenkonto: Abgang = Habenbuchung

Zu 3. Vermittlungsprovision:
Provisionskonto: Ertrag = Habenbuchung
Kassenkonto: Zugang = Sollbuchung

Zu 4. Büromaterial:
Konto "Verwaltungskosten": Aufwand = Sollbuchung
Kassenkonto: Abgang = Habenbuchung

Zu 5. Zinserträge:
Konto Zinserträge: Ertrag = Habenbuchung
Kassenkonto: Zugang = Sollbuchung

T A G E S J O U R N A L

GF. Nr.	Konto Nr.	Konto-Bezeichnung	Betrag (EUR)	an	Konto Nr.	Konto-Bezeichnung	Betrag (EUR)
1.		Löhne u. Geh.	1625	an		Kasse	1625
2.		Mietaufwand	435	an		Kasse	435
3.		Kasse	793	an		Provis.ertr.	793
4.		A.Verwalt.kost	43	an		Kasse	43
5.		Kasse	2285	an		Zinserträge	2285
		S U M M E	5181			S U M M E	5181

Endgültige Abschlußbuchungen:

Zu a. Abschluß des Kontos: Löhne und Gehälter (Aufwandskonto): Kontensumme auf der Sollseite (Summe Aufwand): 1625 EUR, Saldo auf der Habenseite: 1625 EUR, übertragen auf das Gewinn- und Verlustkonto / Sollseite (Aufwendungen)

Zu b: Abschluß des Kontos: Mietaufwendungen (Aufwandskonto): Kontensumme auf der Sollseite (Summe Aufwand): 435 EUR, Saldo auf der Habenseite: 435 EUR, übertragen auf das Gewinn- und Verlustkonto / Sollseite (Aufwendungen)

Zu c. Abschluß des Kontos: Allg. Verwaltungskosten (Aufwandskonto): Kontensumme auf der Sollseite (Summe Aufwand): 43 EUR Saldo auf der Habenseite: 43 EUR, übertragen auf das Gewinn- und Verlustkonto / Sollseite (Aufwendungen)

Zu d. Abschluß des Kontos: Zinserträge (Ertragskonto): Kontensumme auf der Habenseite (Summe Erträge): 2285 EUR Saldo auf der Sollseite: 2285 EUR, übertragen auf das Gewinn- und Verlustkonto / Habenseite (Erträge)

Zu e. Abschluß des Kontos: Provisionserträge (Ertagskonto): Kontensumme auf der Habenseite (Summe Erträge): 793 EUR Saldo auf der Sollseite: 793 EUR, übertragen auf das Gewinn- und Verlustkonto / Habenseite (Erträge)

Zu f. Umbuchung des Gewinns Saldo des Gewinn- und Verlustkontos (Gewinn): 975 EUR, übertragen auf das Eigenkapitalkonto (Habenseite, da Zugang auf Passivkonto)

A B S C H L U S S J O U R N A L

GF. Nr.	Konto Nr.	Konto-Bezeichnung	Betrag (EUR)	an	Konto Nr.	Konto-Bezeichnung	Betrag (EUR)
a.		Gew.u.Verl.k.	1625	an		Löhne u.Geh.	1625
b.		Gew.u.Verl.k.	435	an		Mietaufwend.	435
c.		Gew.u.Verl.k.	43	an		A.Verwalt.k.	43
d.		Zinserträge	2285	an		Gew.u.Verl.k.	2285
e.		Prov.erträge	793	an		Gew.u.Verl.k.	793
f.		Gew.u.Verl.k.	975	an		Eigenkapital	975
		S U M M E	6156			S U M M E	6156

S	Löhne und Gehälter		H
1.	1625	a.	1625
SU	1625	SU	1625

S	Mietaufwendungen		H
2.	435	b.	435
SU	435	SU	435

S	Allg.Verwalt.kosten		H
4.	43	c.	43
SU	43	SU	43

S	Zinserträge		H
d.	2285	5.	2285
SU	2285	SU	2285

S	Provisionserträge		H
e.	793	3.	793
SU	793	SU	793

S	Kasse		H
AB	4550	1.	1625
3.	793	2.	435
5.	2285	4.	43
		EB	5525
SU	7628	SU	7628

S	Eigenkapital		H
		AB	5000
		f.	975
EB	5975		
SU	5975	SU	5975

S	Gewi.- u. Verlustk.		H
a.Löhne	1625	d.Zins	2285
b.Miete	435	e.Prov.	793
c.AVK	43		
f.Gew.	975		
SU	3078	SU	3078

9.3 Lösung-Nr. 75 (Umsatzsteuer)

Laufende Buchungen:

Zu 1. Zieleinkauf:

- Warenkonto (Aktivkonto): Sollbuchung / Nettobetrag
- Konto Verbindlichk.(Passivkonto): Habenbuchung / Bruttobetrag
- Konto Vorsteuer (Aktivkonto): Sollbuchung / Vorsteuerbetrag

Zu 2. Zielverkauf:

- Verkaufskonto (Ertragskonto): Habenbuchung / Nettobetrag
- Konto Forderungen (Aktivkonto): Sollbuchung / Bruttobetrag
- Konto Umsatzsteuer (Passivkonto): Habenbuchung / Umsatzsteuer

Zu 3. Vorsteuerguthaben:

- Vorsteuerkonto: Kontensummen eintragen, Saldo = Guthaben
- Umsatzsteuerkonto: Vorsteuerguthaben auf der Sollseite (Guthaben mindert Umsatzsteuer-Schuld)

Zu 4. Zahllast-Überweisung:

- Umsatzsteuerkonto (Passivkonto): Abgang = Sollbuchung
- Bankkonto (Aktivkonto): Abgang = Habenbuchung

T A G E S J O U R N A L

GF. Nr.	Konto Nr.	Konto-Bezeichnung	Betrag (EUR)	an	Konto Nr.	Konto-Bezeichnung	Betrag (EUR)
1.		Wareneinkauf	500	an		Verb.a.L.u.L.	550
		Vorsteuer	50				
2.		Ford.a.L.u.L.	825	an		Warenverkauf	750
						Umsatzsteuer	75
3.		Umsatzsteuer	50	an		Vorsteuer	50
4.		Umsatzsteuer	25			Bank	25
		S U M M E	1450			S U M M E	1450

Endgültige Abschlußbuchungen:

Zu a. Abschluß des Einkaufskontos (Aktivkonto):
Kontensumme auf Sollseite und Habenseite: 1750 EUR
Saldo (Endbestand) laut Inventur: 1250 EUR

Zu b. Abschluß des Kontos: Forderungen a.L.u.L. (Aktivkonto)
Kontensumme auf der Sollseite (AB + Zugänge): 4325 EUR
Saldo (Endbestand): 4325 EUR, Abschluß auf Schlußbilanzkonto

Zu c. Abschluß des Kontos: Bank (Aktivkonto):
Kontensumme auf der Sollseite (AB + Zugänge): 500 EUR
Saldo (Endbestand): 500 - 25 (Abgänge) = 475 EUR

Zu d. Abschluß des Wareneinsatzes (Aufwandskonto / Befundrechnung):
Kontensumme auf der Sollseite (AB + Zugänge): 1750 EUR
Wareneinsatz (Abgang) = 1750 - 1250 (EB) = 500 EUR

Zu e. Abschluß des Warenverkaufes (Ertragskonto):
Kontensumme auf der Habenseite: 750 EUR
Saldo: 750 EUR, Übertragung auf Gewinn- und Verlustkonto (Habenseite = Erträge)

Zu f. Umbuchung des Gewinns auf Eigenkapitalkonto:
Kontensumme des G+V-Kontos auf der Habenseite: 750 EUR
Saldo (Gewinn) auf der Sollseite: 750 - 500 = 250 EUR

Zu g. Abschluß des Eigenkapitalkontos (Passivkonto):
Kontensumme auf der Habenseite (AB + Zugänge): 5250 EUR
Saldo (Endbestand): 5250 - 0 (Abgänge) = 5250 EUR

Zu h. Abschluß des Kontos: Verbindlichk. a.L.u.L. (Passivkonto):
Kontensumme auf der Habenseite (AB + Zugänge): 800 EUR
Saldo (Endbestand): 800 - 0 (Abgänge) = 800 EUR

A B S C H L U S S J O U R N A L

GF. Nr.	Konto Nr.	Konto-Bezeichnung	Betrag (EUR)	an	Konto Nr.	Konto-Bezeichnung	Betrag (EUR)
a.		Schlußbilanz	1250	an		Wareneinkauf	1250
b.		Schlußbilanz	4325	an		Ford.a.L.u.L.	4325
c.		Schlußbilanz	475	an		Bank	475
d.		G.+V-Konto	500	an		Wareneinkauf	500
e.		Warenverkauf	750	an		G+V-Konto	750
f.		G+V-Konto	250	an		Eigenkapital	250
g.		Eigenkapital	5250	an		Schlußbilanzk.	5250
h.		Verb.a.L.u.L.	800	an		Schlußbilanzk.	800
		S U M M E	13600			S U M M E	13600

S	Wareneinkauf		H
AB	1250	d.	500
1.	500	------	-------
------	-------	------	-------
------	-------	------	-------
------	-------	------	-------
------	-------	a.Inv.	1250
SU	1750	SU	1750

S	Forder.a.L.u.L.		H
AB	3500	------	-------
2.	825	------	-------
------	-------	------	-------
------	-------	------	-------
------	-------	------	-------
------	-------	b.EB	4325
SU	4325	SU	4325

S	Vorsteuer		H
1.	50	3.	50
------	-------	------	-------
------	-------	------	-------
------	-------	------	-------
------	-------	------	-------
------	-------	------	-------
SU	50	SU	50

S	Bank		H
AB	500	4.	25
------	-------	------	-------
------	-------	------	-------
------	-------	------	-------
------	-------	------	-------
------	-------	c.EB	475
SU	500	SU	500

S	Eigenkapital		H
------	-------	AB	5000
------	-------	f.	250
------	-------	------	-------
------	-------	------	-------
------	-------	------	-------
g.EB	5250	------	-------
SU	5250	SU	5250

S	Verb .a.L.u.L.		H
------	-------	AB	250
------	-------	1.	550
------	-------	------	-------
------	-------	------	-------
------	-------	------	-------
h.EB	800	------	-------
SU	800	SU	800

S	Umsatzsteuer		H
3.	50	2.	75
4.	25	------	-------
------	-------	------	-------
------	-------	------	-------
------	-------	------	-------
------	-------	------	-------
SU	75	SU	75

S	Warenverkauf		H
e.	750	2.	750
------	-------	------	-------
------	-------	------	-------
------	-------	------	-------
------	-------	------	-------
------	-------	------	-------
SU	750	SU	750

S	Schlußbilanzkonto		H
a.Waren	1250	g.EK	5250
b.Ford.	4325	h.Verb.	800
c.Bank	475	------	-------
------	-------	------	-------
------	-------	------	-------
------	-------	------	-------
SU	6050	SU	6050

S	Gew.-u.Verlustkonto		H
d.W.Ei.	500	e.W.V.	750
f.Gew.	250	------	-------
------	-------	------	-------
------	-------	------	-------
------	-------	------	-------
------	-------	------	-------
SU	750	SU	750

9.4 Lösung-Nr. 76 (Material-Befundrechnung)

Laufende Buchungen:

Zu 1. Materialentnahme:
Keine Umsatzsteuer (Auf Materialkonten stets Nettobeträge)

Zu 2. Zielverkauf:
Umsatzsteuer = 600, Bruttobetrag = 6000 + 600 = 6600 EUR

Zu 3. Privatentnahme:
Umsatzsteuer = 3, Bruttobetrag = 30 + 3 = 33 EUR

Zu 4. Bareinkauf:
Vorsteuer = 2, Bruttobetrag = 20 + 2 = 22 EUR

Zu 5. Zieleinkauf:
Nettobetrag = 1100 EUR : 110 x 100 = 1000 EUR, Vorsteuer = 100 EUR

Zu 6. Lohnauszahlung:
Überweisungsbetrag = 800 EUR, Lohnsteuerpauschale = 80 EUR

Zu 7. Banküberweisung: Bruttobetrag

T A G E S J O U R N A L

GF. Nr.	Konto Nr.	Konto-Bezeichnung	Betrag (EUR)	an	Konto Nr.	Konto-Bezeichnung	Betrag (EUR)
1.	6000	Aufw.f.R.St.	2200	an	2000	Rohstoffe	2200
2.	2400	Ford.a.L.u.L	6600	an	5000	Ums.erl./E.E.	6000
					4800	Umsatzsteuer	600
3.	3001	Privatkonto	33	an	5420	Eigenverbr.	30
					4800	Umsatzsteuer	3
4.	6800	Büromaterial	20	an	2880	Kasse	22
	2600	Vorsteuer	2				
5.	2000	Rohstoffe	1000	an	4400	Verb.a.L.u.L	1100
	2600	Vorsteuer	100				
6.	6200	Löhne	800	an	2800	Bank	800
	7090	So.betr.St.	80		4830	So.Verb.g.F.B.	80
7.	2800	Bank	500	an	2400	Ford.a.L.u.L.	500
		S U M M E	11335			S U M M E	11335

Vorbereitende Abschlußbuchungen:

Zu a. Abschreibungen / Maschinen:
Gegenkonto: Wertberichtigungen auf Sachanlagen

Zu b. Abschreibungen / Betriebs- und Geschäftsausstattung:
Gegenkonto: 0800 Betr.u.G.A.

Zu c. Bestandsveränderungen / Unfertige Erzeugnisse:
Anfangsbestand: 800 EUR laut Konto 2100
Endbestand: 500 EUR laut Abschlußangaben
Bestandsveränderung = 500 - 800 = - 300 EUR (Bestandsvermind.)

Zu d. Bestandsveränderungen / Fertigerzeugnisse:
Anfangsbestand: 1000 EUR laut Konto 2200
Endbestand: 1100 laut Abschlußangaben
Bestandsveränderung = 1100 - 1000 = 100 EUR (Bestandserhöhung)

Zu e. Abschluß des Privatkontos
Abschluß auf Eigenkapitalkonto

Zu f. Vorsteuer-Guthaben:
Abschluß auf USt-Verrechnungskonto,
Betrag = 102 EUR laut Konto 2600

Zu g. Umsatzsteuer-Schuld:
Abschluß auf USt-Verrechnungskonto,
Betrag = 603 EUR laut Konto 4800

Zu h. Zahllast:
Zahllast = 603 - 102 = 501 EUR

Endgültige Abschlußbuchungen:

Zu i. Abschluß der Aktivkonten (Sammelbuchungssatz):
Abschluß aller Konten von 0700 bis 2880

Zu j. Abschluß der Ertragskonten (Sammelbuchungssatz):
Abschluß der Ertragskonten (Konto 5000 und 5420)
Anmerkung: Konto 5200 hier nicht, da Bestandsverminderung (Aufwandskonto)

Zu k. Abschluß der Bestandsveränderungen:
Abschluß auf Sollseite der G+V-Rechnung (Bestandsverminderung)

Zu l. Abschluß der Aufwandskonten (Sammelbuchungssatz):
Abschluß aller Konten von 6000 - 7090

Zu m. Abschluß des G+V-Kontos:
Unternehmensergebnis auf G+V-Konto: 2230 (Gewinn)
Übertragung des Gewinns auf das Eigenkapitalkonto

Zu n. Abschluß der Passivkonten (Sammelbuchungssatz):
Abschluß aller Konten von 3000 - 4830

A B S C H L U S S J O U R N A L

GF. Nr.	Konto Nr.	Konto-Bezeichnung	Betrag (EUR)	an	Konto Nr.	Konto-Bezeichnung	Betrag (EUR)
a.	6520	Ab.a.S.A.	300	an	3610	Wertb.z.S.A.	300
b.	6520	Ab.a.S.A.	200	an	0800	Betr.u.G.A.	200
c.	5200	Best.veränd.	300	an	2100	Unfert.Erz.	300
d.	2200	Fert.erz.	100	an	5200	Best.veränd.	100
e.	3000	Eigenkapital	33	an	3001	Privatko.	33
f.	4820	USt-Verr.ko.	102	an	2600	Vorsteuer	102
g.	4800	Umsatzsteuer	603	an	4820	USt-Verr.ko.	603
h.	4820	USt-Verr.ko.	501	an	2800	Bank	501
i.	8010	Schlußbil.ko.	29177	an	...	alle Aktivko.	29177
j.	...	Versch.Ertr.ko	6030	an	8020	G.u.V.Konto	6030
k.	8020	G.u.V.Konto	200	an	5200	Best.veränd.	200
l.	8020	G.u.V.Konto	3600	an	...	alle Aufw.Ko.	3600
m.	8020	G.u.V.Konto	2230	an	3000	Eigenkapital	2230
n.	...	alle Pass.ko.	29177	an	8010	Schlußbil.ko.	29177
		S U M M E	72553			S U M M E	72553

S	0700 Maschinen		H
AB	10000	------	-------
------	-------	------	-------
------	-------	------	-------
------	-------	------	-------
------	-------	------	-------
------	-------	i.8010	10000
SU	10000	SU	10000

S	0800 Betr.u.G.A.		H
AB	4500	b.	200
------	-------	------	-------
------	-------	------	-------
------	-------	------	-------
------	-------	------	-------
------	-------	i.8010	4300
SU	4500	SU	4500

S	2000 Rohstoffe		H
AB	3500	1.	2200
5.	1000	------	-------
------	-------	------	-------
------	-------	------	-------
------	-------	------	-------
------	-------	i.8010	2300
SU	4500	SU	4500

S	2100 Unfert.Erz.		H
AB	800	c.	300
------	-------	------	-------
------	-------	------	-------
------	-------	------	-------
------	-------	------	-------
------	-------	i.8010	500
SU	800	SU	800

S	2200 Fertigerz.		H
AB	1000	------	-------
d.	100	------	-------
------	-------	------	-------
------	-------	------	-------
------	-------	------	-------
------	-------	i.8010	1100
SU	1100	SU	1100

S	2400 Ford.a.L.u.L.		H
AB	700	7.	500
2.	6600	------	-------
------	-------	------	-------
------	-------	------	-------
------	-------	------	-------
------	-------	i.8010	6800
SU	7300	SU	7300

S	2600 Vorsteuer		H
4.	2	f.	102
5.	100	------	-------
------	-------	------	-------
------	-------	------	-------
------	-------	------	-------
------	-------	------	-------
SU	102	SU	102

S	2800 Bank		H
AB	3300	6.	800
7.	500	h.	501
------	-------	------	-------
------	-------	------	-------
------	-------	------	-------
------	-------	i.8010	2499
SU	3800	SU	3800

S	2880 Kasse		H
AB	1700	4.	22
------	-------	------	-------
------	-------	------	-------
------	-------	------	-------
------	-------	------	-------
------	-------	i.8010	1678
SU	1700	SU	1700

S	3000 Eigenkapital		H
e.	33	AB	22000
------	-------	m.	2230
------	-------	------	-------
------	-------	------	-------
------	-------	------	-------
n.8010	24197	------	-------
SU	24230	SU	24230

```
S      3001 Privatkonto        H    S      3610 Wertb.z.S.A.        H
===================================  ===================================
3.            33   | e.        33    ------ -------  | a.          300
------ -------     | ------ -------  ------ -------  | ------ -------
------ -------     | ------ -------  ------ -------  | ------ -------
------ -------     | ------ -------  ------ -------  | ------ -------
------ -------     | ------ -------  ------ -------  | ------ -------
------ -------     | ------ -------  n.8010    300   | ------ -------
SU            33   | SU        33    SU        300   | SU          300

S      4400 Verb.a.L.u.L.      H    S      4800 Umsatzsteuer        H
===================================  ===================================
------ -------     | AB      3500    g.         603  | 2.          600
------ -------     | 5.      1100    ------ -------  | 3.            3
------ -------     | ------ -------  ------ -------  | ------ -------
------ -------     | ------ -------  ------ -------  | ------ -------
------ -------     | ------ -------  ------ -------  | ------ -------
n.8010  4600       | -------------   ------ -------  | ------ -------
SU      4600       | SU      4600    SU         603  | SU          603

S      4820 USt-Verr.konto     H    S      4830 So.Verb.g.F.B.      H
===================================  ===================================
f.           102   | g.       603    ------ -------  | 6.           80
h.           501   | ------ -------  ------ -------  | ------ -------
------ -------     | ------ -------  ------ -------  | ------ -------
------ -------     | ------ -------  ------ -------  | ------ -------
------ -------     | ------ -------  ------ -------  | ------ -------
------ -------     | ------ -------  n.8010     80   | ------ -------
SU           603   | SU       603    SU         80   | SU           80

S      5000 Ums.erl./E.E.      H    S      5200 Best.veränd.        H
===================================  ===================================
------ -------     | 2.      6000    c.         300  | d.          100
------ -------     | ------ -------  ------ -------  | k.8020      200
------ -------     | ------ -------  ------ -------  | ------ -------
------ -------     | ------ -------  ------ -------  | ------ -------
------ -------     | ------ -------  ------ -------  | ------ -------
j.8020  6000       | ------ -------  ------ -------  | ------ -------
SU      6000       | SU      6000    SU         300  | SU          300

S      5420 Eigenverbrauch     H    S      6000 Aufw.f.R.St.        H
===================================  ===================================
------ -------     | 3.        30    1.        2200  | ------ -------
------ -------     | ------ -------  ------ -------  | ------ -------
------ -------     | ------ -------  ------ -------  | ------ -------
------ -------     | ------ -------  ------ -------  | ------ -------
------ -------     | ------ -------  ------ -------  | ------ -------
j.8020        30   | ------ -------  ------ -------  | 1.8020     2200
SU            30   | SU        30    SU        2200  | SU         2200
```

S	6200 Löhne		H
6.	800	------	-------
------	-------	------	-------
------	-------	------	-------
------	-------	------	-------
------	-------	------	-------
------	-------	l.8020	800
SU	800	SU	800

S	6520 Ab.a.S.A.		H
a.	300	------	-------
b.	200	------	-------
------	-------	------	-------
------	-------	------	-------
------	-------	------	-------
------	-------	l.8020	500
SU	500	SU	500

S	6800 Büromaterial		H
4.	20	------	-------
------	-------	------	-------
------	-------	------	-------
------	-------	------	-------
------	-------	------	-------
------	-------	l.8020	20
SU	20	SU	20

S	7090 So.betr.St.		H
6.	80	------	-------
------	-------	------	-------
------	-------	------	-------
------	-------	------	-------
------	-------	------	-------
------	-------	l.8020	80
SU	80	SU	80

S	8020 G.u.V.-Konto		H
k.5200	200	j.5000	6000
l.6000	2200	j.5420	30
l.6200	800	------	-------
l.6520	500	------	-------
l.6800	20	------	-------
l.7090	80	------	-------
m.3000	2230	------	-------
		------	-------
SU	6030	SU	6030

S	8010 Schlußbil.K.		H
i.0700	10000	n.3000	24197
i.0800	4300	n.3610	300
i.2000	2300	n.4400	4600
i.2100	500	n.4830	80
i.2200	1100	------	-------
i.2400	6800	------	-------
i.2800	2499	------	-------
i.2880	1678	------	-------
------	-------	------	-------
------	-------	------	-------
------	-------	------	-------
------	-------	------	-------
------	-------	------	-------
------	-------	------	-------
------	-------	------	-------
------	-------	------	-------
------	-------	------	-------
------	-------	------	-------
------	-------	------	-------
------	-------	------	-------
SU	29177	SU	29177

9.5 Lösung-Nr. 77 (Anlagenverkauf)

Laufende Buchungen:
Zu 1. Materialentnahme: (keine Umsatzsteuer)
Zu 2. Zielverkauf:
Umsatzsteuer = 800 EUR, Bruttobetrag = 8000 + 800 = 8800 EUR
Zu 3. Privatentnahme: Umsatzsteuer = 10 EUR, Bruttobetrag = 110 EUR
Zu 4. Zielverkauf:
Umsatzsteuer = 70 EUR, Bruttobetrag = 700 + 70 = 770 EUR
Zu 5. Zieleinkauf:
Nettobetrag = 440 EUR : 110 x 100 = 400 EUR, Vorsteuer = 40 EUR
Zu 6. Lohnauszahlung:
Überweisung = 700 EUR - 100 EUR - 80 EUR = 520 EUR
Zu 7. Arbeitgeberanteile: Konto 640 Arbeitgeberanteile

T A G E S J O U R N A L

GF. Nr.	Konto Nr.	Konto-Bezeichnung	Betrag (EUR)	an	Konto Nr.	Konto-Bezeichnung	Betrag (EUR)
1.	6000	Aufw.f.R.St.	510	an	2000	Rohstoffe	510
2.	2400	Ford.a.L.u.L	8800	an	5000	Ums.erl./E.E.	8000
					4800	Umsatzsteuer	800
3.	3001	Privatkonto	110	an	5420	Eigenverbr.	100
					4800	Umsatzsteuer	10
4.	2400	Ford.a.L.u.L	770	an	0700	Maschinen	1500
	3610	Wertb.z.S.A.	600		4800	Umsatzsteuer	70
	6962	Verl.a.A./SA	200				
5.	2020	Hilfsstoffe	400	an	4400	Verb.a.L.u.L	440
	2600	Vorsteuer	40				
6.	6200	Löhne	700	an	2800	Bank	520
					4830	So.Verb.g.F.B.	100
					4840	Verb.g.S.V.T	80
7.	6400	AG-Ant.z.S.V.	90	an	4840	Verb.g.S.V.T	90
		S U M M E	12220			S U M M E	12220

Vorbereitende Abschlußbuchungen:

Zu a. Abschreibungen / Maschinen:
Gegenkonto: Wertberichtigungen auf Sachanlagen

Zu b. Abschreibungen / Betriebs- und Geschäftsausstattung:
Gegenkonto: 0800 Betr.u.G.A.

Zu c. Materialeinsatz / Hilfsstoffe (Befundrechnung!):
Anfangsbestand + Zugänge = 1460 EUR laut Konto 2020
Endbestand = 920 EUR laut Abschlußangaben
Abgänge (Materialeinsatz) = 1460 - 920 = 540 EUR

Zu d. Bestandsveränderungen / Unfertige Erzeugnisse:
Anfangsbestand: 1840 EUR laut Konto 2100
Endbestand: 1500 laut Abschlußangaben
Bestandsveränderung = 1500 - 1840 = - 340 EUR (Bestandsvermind.)

Zu e. Bestandsveränderungen / Fertigerzeugnisse:
Anfangsbestand: 1260 EUR laut Konto 2200
Endbestand: 1500 laut Abschlußangaben
Bestandsveränderung = 1500 - 1260 = 240 EUR (Bestandserhöhung)

Zu f. Abschluß des Privatkontos
Abschluß auf Eigenkapitalkonto

Zu g. Vorsteuer-Guthaben:
Abschluß auf USt-Verrechnungskonto,
Betrag = 40 EUR laut Konto 2600

Zu h. Umsatzsteuer-Schuld:
Abschluß auf USt-Verrechnungskonto,
Betrag = 880 EUR laut Konto 4800

Zu i. Zahllast:
Zahllast = 880 - 40 = 840 EUR

Endgültige Abschlußbuchungen:

Zu j. Abschluß der Aktivkonten (Sammelbuchungssatz):
Abschluß aller Konten von 0700 bis 2880

Zu k. Abschluß der Ertragskonten (Sammelbuchungssatz):
Abschluß der Ertragskonten (Konto 5000 und 5420)
Anmerkung: Konto 5200 hier nicht, da Bestandsverminderung (Aufwandskonto)

Zu l. Abschluß der Bestandsveränderungen:
Abschluß auf Sollseite der G+V-Rechnung (Bestandsverminderung)

Zu m. Abschluß der Aufwandskonten (Sammelbuchungssatz):
Abschluß aller Konten von 6000 - 6962

Zu n. Abschluß des G+V-Kontos:
Unternehmensergebnis auf G+V-Konto: 5260 (Gewinn)
Übertragung des Gewinns auf das Eigenkapitalkonto

Zu o. Abschluß der Passivkonten (Sammelbuchungssatz):
Abschluß aller Konten von 3000 - 4840

A B S C H L U S S J O U R N A L

GF. Nr.	Konto Nr.	Konto-Bezeichnung	Betrag (EUR)	an	Konto Nr.	Konto-Bezeichnung	Betrag (EUR)
a.	6520	Ab.a.S.A.	400	an	3610	Wertb.z.S.A.	400
b.	6520	Ab.a.S.A.	300	an	0800	Betr.u.G.A.	300
c.	6020	Aufw.f.H.St.	540	an	2020	Hilfsstoffe	540
d.	5200	Best.veränd.	340	an	2100	Unfert.Erz.	340
e.	2200	Fertigerz.	240	an	5200	Best.veränd.	240
f.	3000	Eigenkap.	110	an	3001	Privatkonto	110
g.	4820	USt-Verr.ko.	40	an	2600	Vorsteuer	40
h.	4800	Umsatzsteuer	880	an	4820	USt-Verr.ko.	880
i.	4820	USt-Verr.ko.	840	an	2800	Bank	840
j.	8010	Schlußbil.ko.	26210	an	...	alle Aktivko.	26210
k.	...	Versch.Ertr.ko	8100	an	8020	G.u.V.Konto	8100
l.	8020	G.u.V.Konto	100	an	5200	Best.veränd.	100
m.	8020	G.u.V.Konto	2740	an	...	alle Aufw.Ko.	2740
n.	8020	G.u.V.Konto	5260	an	3000	Eigenkap.	5260
o.	...	alle Pass.ko.	26210	an	8010	Schlußbil.ko.	26210
		S U M M E	72310			S U M M E	72310

S	0700 Maschinen		H
AB	4200	4.	1500
------	-------	------	-------
------	-------	------	-------
------	-------	------	-------
------	-------	------	-------
------	-------	j.8010	2700
SU	4200	SU	4200

S	0800 Betr.u.G.A.		H
AB	1200	b.	300
------	-------	------	-------
------	-------	------	-------
------	-------	------	-------
------	-------	------	-------
------	-------	j.8010	900
SU	1200	SU	1200

S	2000 Rohstoffe		H
AB	2820	1.	510
1.440		------	-------
------	-------	------	-------
------	-------	------	-------
------	-------	------	-------
------	-------	j.8010	2310
SU	2820	SU	2820

S	2020 Hilfsstoffe		H
AB	1060	c.	540
5.	400	------	-------
------	-------	------	-------
------	-------	------	-------
------	-------	------	-------
------	-------	j.8010	920
SU	1460	SU	1460

S	2100 Unfert.Erz.		H
AB	1840	d.	340
------	-------	------	-------
------	-------	------	-------
------	-------	------	-------
------	-------	------	-------
------	-------	j.8010	1500
SU	1840	SU	1840

S	2200 Fertigerz.		H
AB	1260	------	-------
e.	240	------	-------
------	-------	------	-------
------	-------	------	-------
------	-------	------	-------
------	-------	j.8010	1500
SU	1500	SU	1500

S	2400 Ford.a.L.u.L.		H
AB	2680	------	-------
1.	8800	------	-------
4.	770	------	-------
------	-------	------	-------
------	-------	------	-------
------	-------	j.8010	12250
SU	12250	SU	12250

S	2600 Vorsteuer		H
5.	40	g.	40
------	-------	------	-------
------	-------	------	-------
------	-------	------	-------
------	-------	------	-------
------	-------	------	-------
SU	40	SU	40

S	2800 Bank		H
AB	4840	6.	520
------	-------	i.	840
------	-------	------	-------
------	-------	------	-------
------	-------	------	-------
------	-------	j.8010	3480
SU	4840	SU	4840

S	2880 Kasse		H
AB	650	------	-------
------	-------	------	-------
------	-------	------	-------
------	-------	------	-------
------	-------	------	-------
------	-------	j.8010	650
SU	650	SU	650

S	3000 Eigenkapital		H
f.	110	AB	16010
		n.	5260
o.8010	21160		
SU	21270	SU	21270

S	3001 Privatkonto		H
1.	110	f.	110
SU	110	SU	110

S	3610 Wertb.z.S.A.		H
4.	600	AB	1300
		a.	400
o.8010	1100		
SU	1700	SU	1700

S	4400 Verb.a.L.u.L.		H
		AB	3240
		5.	440
o.8010	3680		
SU	3680	SU	3680

S	4800 Umsatzsteuer		H
h.	880	2.	800
		3.	10
		4.	70
SU	880	SU	880

S	4820 USt-Verr.Konto		H
g.	40	h.	880
i.	840		
SU	880	SU	880

S	4830 So.Verb.g.F.B.		H
		6.	100
o.8010	100		
SU	100	SU	100

S	4840 Verb.g.S.V.T		H
		6.	80
		7.	90
o.8010	170		
SU	170	SU	170

S	5000 Ums.erl./E.E.		H
		2.	8000
k.8020	8000		
SU	8000	SU	8000

S	5200 Best.veränd.		H
d.	340	e.	240
		l.	100
SU	340	SU	340

S	5420 Eigenverbrauch		H
------	-------	3.	100
------	-------	------	-------
------	-------	------	-------
k.	100	------	-------
SU	100	SU	100

S	6000 Aufw.f.R.St.		H
1.	510	------	-------
------	-------	------	-------
------	-------	------	-------
------	-------	m.8020	510
SU	510	SU	510

S	6020 Aufw.f.H.St.		H
c.	540	------	-------
------	-------	------	-------
------	-------	------	-------
------	-------	m.8020	540
SU	540	SU	540

S	6200 Löhne		H
6.	700	------	-------
------	-------	------	-------
------	-------	------	-------
------	-------	m.8020	700
SU	700	SU	700

S	6400 AG-Ant.z.S.V.		H
7.	90	------	-------
------	-------	------	-------
------	-------	------	-------
------	-------	m.8020	90
SU	90	SU	90

S	6520 Ab.a.S.A.		H
a.	400	------	-------
b.	300	------	-------
------	-------	------	-------
------	-------	m.8020	700
SU	700	SU	700

S	6962 Verl.a.A./S.A.		H
4.	200	------	-------
------	-------	------	-------
------	-------	------	-------
------	-------	------	-------
------	-------	------	-------
------	-------	------	-------
------	-------	------	-------
------	-------	m.8020	200
SU	200	SU	200

S	8010 Schlußbil.K.		H
j.0700	2700	o.3000	21160
j.0800	900	o.3610	1100
j.2000	2310	o.4400	3680
j.2020	920	o.4830	100
j.2100	1500	o.4840	170
j.2200	1500	------	-------
j.2400	12250	------	-------
j.2800	3480	------	-------
j.2880	650	------	-------
		------	-------
------	-------	------	-------
------	-------	------	-------
------	-------	------	-------
------	-------	------	-------
------	-------	------	-------
------	-------	------	-------
------	-------	------	-------
------	-------	------	-------
------	-------	------	-------
------	-------	------	-------
SU	26210	SU	26210

S	8020 G.u.V.-Konto		H
l.5200	100	k.5000	8000
m.6000	510	k.5200	100
m.6020	540	------	-------
m.6200	700	------	-------
m.6400	90	------	-------
m.6520	700	------	-------
m.6962	200	------	-------
n.3000	5260	------	-------
SU	8100	SU	8100

(Fortsetzung nächste Seite)

10 LÖSUNGEN: ABSCHLUßÜBERSICHTEN

10.1 Lösung-Nr. 78 (Privatabgrenzung)

Zu 1. Abschreibungen / Betriebs- u. Geschäftsausstattung
- Konto 6520 Ab.a.S.A. (Aufwandskonto): Aufwand = Soll
- Konto 3610 Wertb.z.S.A.(Passivkonto): Zugang = Haben

Zu 2. Abschreibungen / Maschinen
- Konto 6520 Ab.a.S.A. (Aufwandskonto): Aufwand = Soll
- Konto 0700 Maschinen (Aktivkonto): Abschreibungen = Haben

Zu 3. Unterkonto: Erlösberichtigungen
- Konto 5001 Erlösb./E.E. (Unterkonto): Abschluß = Haben, Betrag: 2 TEUR (Saldenbilanz I)
- Konto 5000 Ums.erl./E.E (Ertragskonto): Erlösbericht. = Soll

Zu 4. Materialeinsatz / Hilfsstoffe
- Konto 6020 Aufw.f.H.St.(Aufwandskonto): Aufwand = Soll, Betrag: 14 TEUR (Ko.2020/Saldenbil.I) ./.9 TEUR (EB) = 5 TEUR (Verbrauch)
- Konto 2020 Hilfsstoffe (Aktivkonto): Abgang = Haben

Zu 5. Bestandsveränderungen / Unfertige Erzeugnisse
- Konto 2100 Unfert.Erz. (Aktivkonto): Abgang = Soll, Betrag: 15 TEUR (Endbest.) ./.18 TEUR (Anf.best.) = -3 TEUR (Best.vermind.)
- Konto 5200 Best.veränd. (Ertragskonto): Best.vermind. = Aufw. = Soll

Zu 6. Bestandsveränderungen / Fertigerzeugnisse
- Konto 2200 Fertigerz. (Aktivkonto): Zugang = Soll, Betrag: 15 TEUR (Endbest.) ./.12 TEUR (Anf.best.) = 3 TEUR (Best.erhöhung)
- Konto 5200 Best.veränd. (Ertragskonto): Ertrag = Haben ,Best.erhöhung

Zu 7. Privatabgrenzung / PKW
- Konto 3001 Privatkonto (Unterkonto): Entnahme = Soll
- Konto 5420 Eigenverbr. (Ertragskonto): Ertrag = Haben

Zu 8. Abschluß: Privatkonto
- Konto 3001 Privatkonto (Unterkonto): Abschluß = Haben, Betrag: 2 TEUR (Saldenbil. I) + 15 TEUR (Umbuch./7.) = 17 TEUR
- Konto 3000 Eigenkapital (Passivkonto): Entnahme = Soll

Zu 9. Vorsteuer-Guthaben
- Konto 2600 Vorsteuer (Aktivkonto): Abschluß = Haben, Betrag: 2 TEUR (Saldenbil.I)
- Konto 4820 USt-Verr.ko. (Verrechn.konto): Vorsteuer = Soll

Zu 10. Umsatzsteuer-Schuld
- Konto 4800 Umsatzsteuer (Passivkonto): Abschluß = Soll, Betrag: 3 TEUR (Saldenbil I) = 3 TEUR
- Konto 4820 USt-Verr.ko. (Verrechn.konto): Umsatzsteuer = Haben

Zu 11. Zahllast
- Konto 4820 USt-Verr.ko. (Verrechn.konto): Zahllast = Soll, Betrag: 3 TEUR (USt-Schuld) ./. 2 TEUR (V-Guthaben) = 1 TEUR (Zahllast)
- Konto 2800 Bank (Aktivkonto): Abgang = Haben

A B S C H L U S S J O U R N A L

GF.-Nr.	Konto-Nr.	Konto-Bezeichnung	Betrag (TEUR)	an	Konto-Nr.	Konto-Bezeichnung	Betrag (TEUR)
1.	6520	Ab.a.S.A.	40	an	3610	Wertb.z.S.A.	40
2.	6520	Ab.a.S.A.	3	an	0700	Maschinen	3
3.	5000	Ums.erl./E.E	2	an	5001	Erlösb./E.E.	2
4.	6020	Aufw.f.H.St.	5	an	2020	Hilfsstoffe	5
5.	5200	Best.veränd.	3	an	2100	Unfert.Erz.	3
6.	2200	Fertigerz.	3	an	5200	Best.veränd.	3
7.	3001	Privatkonto	15	an	5420	Eigenverbr.	15
8.	3000	Eigenkapital	17	an	3001	Privatkonto	17
9.	4820	USt-Verr.ko.	2	an	2600	Vorsteuer	2
10.	4800	Umsatzsteuer	3	an	4820	USt-Verr.ko.	3
11.	4820	USt-Verr.ko.	1	an	2800	Bank	1
		S U M M E	94			S U M M E	94

Kto-Nr.	A B S C H L U S S Ü B E R S . Bezeichnung (Beträge in TEUR)	Summenbilanz S	Summenbilanz H	Saldenbil. I S	Saldenbil. I H
0700	Technische Anlagen und Maschinen	54	17	37	......
0800	Betriebs- u. Geschäftsausstatt.	49	1	48	......
2000	Rohstoffe	34	7	27	......
2020	Hilfsstoffe	14	-	14	......
2100	Unfertige Erzeugnisse	18	-	18	......
2200	Fertigerzeugnisse	12	-	12	......
2400	Forderungen aus Lief. u. L.	38	13	25	......
2600	Vorsteuer	2	-	2	......
2650	Forderungen an Mitarbeiter......	1	1	-	......
2800	Bank	67	18	49	......
2880	Kasse	11	3	8	......
3000	Eigenkapital	-	160	......	160
3001	Privatkonto.....................	2	-	2	......
3001	"...............................	-	-	......	......
3610	Wertbericht.z.Sachanlagen....	6	12	......	6
4400	Verbindlichkeiten aus Lief. u.L.	-	43	......	43
4800	Umsatzsteuer	1	4	......	3
4800	"...............................	-	-	......	......
4820	Umsatzsteuer-Verrechnungskonto .	-	-	......	......
4820	"...............................	-	-	......	......
4830	So.Verb.g.Finanzbehörden	-	2	......	2
4840	Verb.g.Sozialversicher.trägern	-	3	......	3
5000	Umsatzerlöse für eigene Erzeugn.	-	66	......	66
5001	Erlösberichtig./Eigene Erzeugn.	2	-	2	......
5200	Bestandsveränderungen	-	-	......	......
5420	Eigenverbrauch	-	1	......	1
5420	"...............................	-	-	......	......
5460	Erträge a.d.Abgang v. Sachanl.	-	3	......	3
6000	Aufwendungen für Rohstoffe	8	-	8	......
6020	Aufwendungen für Hilfsstoffe	-	-	-	......
6160	Fremdinstandhaltung	20	-	20	......
6200	Löhne	12	-	12	......
6400	Arbeitgeberant.z.Sozialversich.	1	-	1	......
6520	Abschreibungen auf Sachanlagen .	-	-	......	......
6520	"...............................	-	-	......	......
6962	Verluste a.d.Abgang von Sachanl.	2	-	2	......
....	S U M M E I	354	354	287	287
....	UNTERNEHMUNGSERGEBNIS	......	......	......	......
....	S U M M E II	......	......	......	......

U m b u c h u n g e n				Saldenbil. II		Schlußbilanz		G- u.V.Rechn.		Kto.
Nr.	S	Nr.	H	S	H	A	P	S	H	Nr.
....	......	2.	3	34		34	......	......	......	0700
....	......	....	......	48	......	48	......	......	......	0800
....	......	....	......	27	......	27	......	......	......	2000
....	......	4.	5	9	......	9	......	......	......	2020
....	......	5.	3	15	......	15	......	......	......	2100
6.	3	....	......	15	......	15	......	......	......	2200
....	......	....	......	25	......	25	......	......	......	2400
....	......	9.	2	.... -	......	......	......	......	......	2600
....	......	....	......	......	......	......	......	......	......	2650
....	......	11.	1	48	......	48	......	......	......	2800
....	......	....	......	8	......	8	......	......	......	2880
8.	17	....	......	......	143	......	143	......	......	3000
7.	15	8.	17	......	......	......	......	......	......	3001
....	......	....	......	......	......	......	......	......	......	3001
....	......	1.	40	......	46	......	46	......	......	3610
....	......	....	......	......	43	......	43	......	......	4400
10.	3	....	......	......	......	......	......	......	......	4800
....	......	....	......	......	-	......	......	......	......	4800
9.	2	10.	3	......		......	......	......	......	4820
11.	1	....	......	......	-	......	......	......	......	4820
....	......	....	......	......	2	......	2	......	......	4830
....	......	....	......	......	3	......	3	......	......	4840
3.	2	....	......	......	64	......	......	......	64	5000
....	......	3.	2	......	-	......	......	......	......	5001
5.	3	6.	3	......	......	......	......	......	......	5200
....	......	7.	15	......	......	......	......	......	......	5420
....	......	....	......	......	16	......	......	......	16	5420
....	......	....	......	......	3	......	......	......	3	5460
....	......	....	......	8	......	......	......	8	......	6000
4.	5	....	......	5	......	......	......	5	......	6020
....	......	....	......	20	......	......	......	20	......	6160
....	......	....	......	12	......	......	......	12	......	6200
....	......	....	......	1	......	......	......	1	......	6400
1.	40	....	......	......	......	......	......	......	......	6520
2.	3	....	......	43	......	......	......	43	......	6520
....	......	....	......	2	......	......	......	2	......	6962
....	94	....	94	320	320	229	237	91	83	S.I
....	......	....	......	Verlust:		8	......	......	8	U.E.
....	......	....	......	......	......	237	237	91	91	S.II

10.2 Lösung-Nr. 79 (Wertberichtigungs-Auflösung)

Zu 1. Zielverkauf
- Konto 2400 Ford.a.L.u.L (Aktivkonto): Zugang = Soll, Bruttobetrag: 160 TEUR / 100 x 100 = 176 TEUR
- Konto 0700 Maschinen (Aktivkonto): Abgang = Haben, Betrag: Anschaffungskosten
- Konto 6962 Verl.a.A./SA (Aufwandskonto): Aufwand = Soll, Betrag: Veräußerungsverlust.
  Buchwert: 240 TEUR (AK) ./. 48 (Wertber.) = 192 TEUR,
  Veräuß.verlust: 160 TEUR (VP/netto)./.192 TEUR (BW) = 32 TEUR (Verl.)
- Konto 3610 Wertb.z.S.A. (Passivkonto): Abgang = Soll
- Konto 4800 Umsatzsteuer (Passivkonto): Zugang = Haben

Zu 2. Abschreibungen / Maschinen
- Konto 6520 Ab.a.S.A. (Aufwandskonto): Aufwand = Soll
- Konto 3610 Wertb.z.S.A. (Passivkonto): Zugang = Haben

Zu 3. Abschreibungen / Betriebs- und Geschäftsausstattung
- Konto 6520 Ab.a.S.A. (Aufwandskonto): Aufwand = Soll
- Konto 3610 Wertb.z.S.A. (Passivkonto): Zugang = Haben

Zu 4. Auflösung der Wertbericht. (Maschinen)
- Konto 3610 Wertb.z.S.A. (Passivkonto): Abgang = Soll
- Konto 0700 Maschinen (Aktivkonto): Abschreibung = Haben

Zu 5. Auflösung der Wertbericht. (Betr.u.G.A.)
- Konto 3610 Wertb.z.S.A. (Passivkonto): Abgang = Soll
- Konto 0800 Betr.u.G.A. (Aktivkonto): Abschreibung = Haben

Zu 6. Umsatzbonus
- Konto 4400 Verb.a.L.u.L (Passivkonto): Abgang = Soll, Bruttobetrag
- Konto 2002 Nachlässe/R. (Unterkonto): Nachlaß = Haben, Nettobetrag: 176 TEUR / 110 x 100 = 160 TEUR
- Konto 2600 Vorsteuer (Aktivkonto): Korrektur = Haben, Vorsteuerbetrag

Zu 7. Unterkonto: Bezugskosten
- Konto 2001 Bezugsk./R. (Unterkonto): Abschluß = Haben, Betrag: 336 TEUR (Saldenbilanz I)
- Konto 2000 Rohstoffe (Aktivkonto): Bezugskosten = Soll

Zu 8. Unterkonto: Nachlässe
- Konto 2002 Nachlässe/R. (Unterkonto): Abschluß = Soll, Betrag: 352 TEUR (Saldenbil.I) + 160 TEUR (Umbuch. 6.) = 512 TEUR
- Konto 2000 Rohstoffe (Aktivkonto): Nachlässe = Haben

Zu 9. Treuebonus an Kunden
- Konto 5001 Erlösb./E.E. (Unterkonto): Erlösber. = Soll, Nettobetrag: 352 TEUR / 110 x 100 = 320 TEUR
- Konto 4400 Verb.a.L.u.L (Passivkonto): Zugang = Haben, Bruttobetrag
- Konto 4800 Umsatzsteuer (Passivkonto): Korrektur = Soll, USt-Betrag

Zu 10. Unterkonto: Erlösberichtigungen
- Konto 5001 Erlösb./ E.E. (Unterkonto): Abschluß = Haben, Betrag: 512 (Saldenbil.I) + 320 TEUR (Umbuch.9.) = 832 TEUR

Zu 11. Inventurdifferenz / Rohstoffe
- Konto 6000 Aufw.f.R.St. (Aufwandskonto): Aufwand = Soll
- Konto 2000 Rohstoffe (Aktivkonto): Abgang = Haben

Zu 12. Bestandsveränderungen / Unfertige Erzeugnisse
- Konto 2100 Unfert.Erz. (Aktivkonto): Zugang = Soll, Betrag:
  608 TEUR (Endbest.) ./. 512 TEUR (Anf.best.) = 96 TEUR
  (Best.erhöh.)
- Konto 5200 Best.veränd. (Ertragskonto): Ertrag = Haben, Best.erhöhung

Zu 13. Bestandsveränderungen / Fertigerzeugnisse
- Konto 2200 Fertigerz. (Aktivkonto): Abgang = Haben, Betrag:
  608 TEUR (Endbest.) ./. 656 TEUR (Anf.best.) =-48 TEUR
  (Best.vermind.)
- Konto 5200 Best.veränd. (Ertragskonto): Best.vermind. = Soll, Aufw.

Zu 14. Vorsteuer-Guthaben
- Konto 2600 Vorsteuer (Aktivkonto): Abschluß = Haben, Betrag:
  1154 TEUR (Saldenbil.I) ./. 16 TEUR (Umbuch.6.) = 1138 TEUR
- Konto 4820 USt-Verr.ko. (Verrechn.konto): Vorsteuer = Soll

Zu 15. Umsatzsteuer-Schuld
- Konto 4800 Umsatzsteuer (Passivkonto): Abschluß = Soll, Betrag:
  469 TEUR + 16 TEUR (Umbuch.1.) ./. 32 TEUR (Umbuch.9.) = 453 TEUR
- Konto 4820 USt-Verr.ko. (Verrechn.konto): Umsatzsteuer = Haben

Zu 16. Vorsteuer-Überhang
- Konto 4820 USt-Verr.ko. (Verrechn.konto): V-Überhang = Haben, Betrag:
  453 TEUR (USt-Schuld)./.1138 TEUR (V-Guthaben)= 685 EUR (V-Überh.)
- Konto 2660 And.so.Ford. (Aktivkonto): Zugang = Soll

B U C H U N G S S Ä T Z E

GF.-Nr.	Konto-Nr.	Konto-Bezeichnung	Betrag (TEUR)	an	Konto-Nr.	Konto-Bezeichnung	Betrag (TEUR)
1.	2400	Ford.a.L.u.L	176	an	0700	T.A.u.Masch.	240
	6962	Verl.a.A./SA	32		4800	Umsatzsteuer	16
	3610	Wertb.z.S.A.	48				
2.	6520	Ab.a.S.A.	160	an	3610	Wertb.z.S.A.	160
3.	6520	Ab.a.S.A.	80	an	3610	Wertb.z.S.A.	80
4.	3610	Wertb.z.S.A.	588	an	0700	Maschinen	5886
5.	3610	Wertb.z.S.A.	196	an	0800	Betr.u.G.A.	196
6.	4400	Verb.a.L.u.L	176	an	2002	Nachlässe/R.	160
					2600	Vorsteuer	16
7.	2000	Rohstoffe	336	an	2001	Bezugsko./R.	336
8.	2002	Nachlässe/R.	512	an	2000	Rohstoffe	512
9.	5001	Erlösb./E.E.	320	an	4400	Verb.a.L.u.L	352
	4800	Umsatzsteuer	32				
10.	5000	Ums.erl./E.E	832	an	5001	Erlösb./E.E.	832
11.	6000	Aufw.f.R.St.	48	an	2000	Rohstoffe	48
12.	2100	Unfert.Erz.	96	an	5200	Best.veränd.	96
13.	5200	Best.veränd.	48	an	2200	Fertigerz.	48
14.	4820	USt-Verr.ko.	1138	an	2600	Vorsteuer	1138
15.	4800	Umsatzsteuer	453	an	4820	USt-Verr.ko.	453
16.	2660	And.so.Ford.	685	an	4820	USt-Verr.ko.	685
		S U M M E	5956			S U M M E	5956

Kto-Nr.	ABSCHLUSSÜBERS. Bezeichnung (Beträge in TEUR)	Summenbilanz S	Summenbilanz H	Saldenbil. I S	Saldenbil. I H
0700	Technische Anlagen und Maschinen	2240	-	2240	......
0700	"............................	-	-	......	......
0800	Betriebs- u. Geschäftsausstattung	880	224	656	......
2000	Rohstoffe	8320	76	8244	......
2000	"............................	-	-	......	......
2001	Bezugskosten / Rohstoffe	400	64	336	......
2002	Nachlässe / Rohstoffe	-	352	......	352
2100	Unfertige Erzeugnisse	512	-	512	......
2200	Fertigerzeugnisse	656	-	656	......
2400	Forderungen aus Lief. u. L.	3760	3168	592	......
2600	Vorsteuer	1165	11	1154	......
2600	"............................	-	-	......	......
2660	Andere sonstige Forderungen	-	-	......	......
2800	Bank	3240	1800	1440	......
2880	Kasse	120	40	80	......
3000	Eigenkapital	-	7376	......	7376
3610	Wertberichtigungen zu Sachanlagen	-	592	......	592
3610	"............................	-	-	......	......
3610	"............................	-	-	......	......
4400	Verbindlichkeiten aus Lief. u. L.	1640	8913	......	7273
4800	Umsatzsteuer	1	470	......	469
4800	"............................	-	-	......	......
4820	Umsatzsteuer-Verrechnungskonto ..	-	-	......	......
4820	"............................	-	-	......	......
4890	Übrige sonstige Verbindlichkeiten	200	240	......	40
5000	Umsatzerlöse für eigene Erzeugn.	-	3360	......	3360
5001	Erlösbericht. / Eigene Erzeugn.	512	-	512	......
5200	Bestandsveränderungen	-	-	......	......
6000	Aufwendungen für Rohstoffe	1680	-	1680	......
6520	Abschreibungen auf Sachanlagen ..	-	-	......	......
6520	"............................	-	-	......	......
6962	Verluste a.d. Abgang / Sachanl.	-	-	......	......
7510	Zinsaufwendungen	1360	-	1360	......
....	SUMME I	26686	26686	19462	19462
....	UNTERNEHMUNGSERGEBNIS	.....	......	......	......
....	SUMME II	.....	......	......	......

Umbuchungen Nr.	S	Nr.	H	Saldenbil. II S	H	Schlußbilanz A	P	G- u.V.Rechn. S	H	Kto. Nr.
....	......	1.	240	......	......	......	......	......	......	0700
....	......	4.	588	1412	......	1412	......	......	......	0700
....	......	5.	196	460	......	460	......	......	......	0800
7.	336	11.	48	......	......	......	......	......	......	2000
....	......	8.	512	8020	......	8020	......	......	......	2000
....	......	7.	336	0	......	......	......	......	......	2001
8.	512	6.	160	0	......	......	......	......	......	2002
12.	96	....	......	608	......	608	......	......	......	2100
....	......	13.	48	608	......	608	......	......	......	2200
1.	176	....	......	768	......	768	......	......	......	2400
....	......	6.	16	......	......	......	......	......	......	2600
....	......	14.	1138	0	......	......	......	......	......	2600
16.	685	....	......	685	......	685	......	......	......	2660
....	......	....	......	1440	......	1440	......	......	......	2800
....	......	....	......	80	......	80	......	......	......	2880
....	......	....	......	......	7376	......	7376	......	......	3000
1.	48	2.	160	......	......	......	......	......	......	3610
4.	588	3.	80	......	......	......	......	......	......	3610
5.	196	....	......	......	0	......	......	......	......	3610
6.	176	9.	352	......	7449	......	7449	......	......	4400
9.	32	1.	16	......	......	......	......	......	......	4800
15.	453	....	......	......	0	......	......	......	......	4800
14.	1138	15.	453	......	......	......	......	......	......	4820
....	......	16.	685	......	0	......	......	......	......	4820
....	......	....	......	......	40	......	40	......	......	4890
10.	832	....	......	......	2528	......	......	......	2528	5000
9.	320	10.	832	......	0	......	......	......	......	5001
13.	48	12.	96	......	48	......	......	......	48	5200
11.	48	....	......	1728	......	......	......	1728	......	6000
2.	160	....	......	......	......	......	......	......	......	6520
3.	80	....	......	240	......	......	......	240	......	6520
1.	32	....	......	32	......	......	......	32	......	6962
....	......	....	......	1360	......	......	......	1360	......	7510
....	5956	....	5956	17441	17441	14081	14865	3360	2576	S. I
....	......	....	......	......	Verl.:	784	......	......	784	U.E.
....	......	....	......	......	......	14865	14865	3360	3360	S.II

10.3 Lösung-Nr. 80 (Pauschallohnsteuer)

Zu 1. Abschreibungen / Betriebs- u. Geschäftsausstattung
- Konto 6520 Ab.a.S.A. (Aufwandskonto): Aufwand = Soll
- Konto 0800 Betr.u. G.A.(Aktivkonto): Abschreibung = Haben

Zu 2. Abschreibungen / Maschinen
- Konto 6520 Ab.a.S.A. (Aufwandskonto): Aufwand = Soll
- Konto 3610 Wertb.z.S.A. (Passivkonto): Zugang = Haben

Zu 3. Unterkonto: Bezugskosten
- Konto 2001 Bezugsk./R. (Unterkonto): Abschluß = Haben, Betrag: 1 TEUR (Saldenbilanz I)
- Konto 2000 Rohstoffe (Aktivkonto): Bezugskosten = Soll

Zu 4. Bestandsveränderungen / Unfertige Erzeugnisse
- Konto 2100 Unfert.Erz. (Aktivkonto): Abgang = Soll, Betrag: 5 TEUR (Endbest.) ./. 8 TEUR (Anf.best.) = - 3 TEUR (Best.vermi.)
- Konto 5200 Best.veränd. (Ertragskonto): Best.vermind. = Aufw. = Soll

Zu 5. Bestandsveränderungen / Fertigerzeugnisse
- Konto 2200 Fertigerz. (Aktivkonto): Zugang = Soll, Betrag: 11 TEUR (Endbest.) ./. 10 TEUR (Anf.best.) = 1 TEUR (Best.erhöhung)
- Konto 5200 Best.veränd. (Ertragskonto): Ertrag = Haben, Best.erhöhung

Zu 6. Abschluß: Privatkonto
- Konto 3001 Privatkonto (Unterkonto): Abschluß = Haben, Betrag: 4 TEUR Entnahmen (Saldenbil. I)
- Konto 3000 Eigenkapital (Passivkonto): Entnahme = Soll

Zu 7. Vorsteuer-Guthaben
- Konto 2600 Vorsteuer (Aktivkonto): Abschluß = Haben, Betrag: 1 TEUR (Saldenbil.I)
- Konto 4820 USt-Verr.ko. (Verrechn.konto): Vorsteuer = Soll

Zu 8. Umsatzsteuer-Schuld
- Konto 4800 Umsatzsteuer (Passivkonto): Abschluß = Soll, Betrag: 6 EUR (Saldenbil I)
- Konto 4820 USt-Verr.ko. (Verrechn.konto): Umsatzsteuer = Haben

Zu 9. Zahllast
- Konto 4820 USt-Verr.ko. (Verrechn.konto): Zahllast = Soll, Betrag: 6 TEUR (USt-Schuld) ./. 1 TEUR (V-Guthaben) = 5 TEUR (Zahllast)
- Konto 2800 Bank (Aktivkonto): Abgang = Haben

A B S C H L U S S J O U R N A L

GF.-Nr.	Konto-Nr.	Konto-Bezeichnung	Betrag (TEUR)	an	Konto-Nr.	Konto-Bezeichnung	Betrag (TEUR)
1.	6520	Ab.a.S.A.	2	an	0800	Betr.u.G.A.	2
2.	6520	Ab.a.S.A.	3	an	3610	Wertb.z.S.A.	3
3.	2000	Rohstoffe	1	an	2001	Bezugsko./R.	1
4.	5200	Best.veränd.	3	an	2100	Unfert.Erz.	3
5.	2200	Fertigerz.	1	an	5200	Best.veränd.	1
6.	3000	Eigenkapital	4	an	3001	Privatkonto	4
7.	4820	USt-Verr.ko.	1	an	2600	Vorsteuer	1
8.	4800	Umsatzst.	6	an	4820	USt-Verr.ko.	6
9.	4820	USt-Verr.Ko.	5	an	2800	Bank	5
		S U M M E	26			S U M M E	26

Kto-Nr.	A B S C H L U S S Ü B E R S . Bezeichnung (Beträge in TEUR)	Summenbilanz S	Summenbilanz H	Saldenbil. I S	Saldenbil. I H
0700	Technische Anlagen und Maschinen	100	......	100	......
0800	Betriebs- u. Geschäftsausstatt.	45	......	45	......
2000	Rohstoffe	46	22	24	
2001	Bezugskosten / Rohstoffe	1	......	1	......
2100	Unfertige Erzeugnisse	8	......	8	......
2200	Fertigerzeugnisse	10	......	10	......
2400	Forderungen aus Lief. u. L.	73	5	68	......
2600	Vorsteuer	1	......	1	......
2800	Bank	38	23	15	......
2880	Kasse	17	3	14	......
3000	Eigenkapital	......	220	......	220
3001	Privatkonto.....................	4	......	4	......
3610	Wertbericht.z.Sachanlagen....	......	-	......	......
4400	Verbindlichkeiten aus Lief. u.L.	12	47	......	35
4800	Umsatzsteuer	......	6	......	6
4820	Umsatzsteuer-Verrechnungskonto .	......	......	......	......
4820	"...............................	......	......	......	......
4830	Sonst.Verbindl.g.Finanzbeh.	......	2	......	2
5000	Umsatzerlöse für eigene Erzeugn.	......	60	......	60
5200	Bestandsveränderungen	......	......	......	......
5420	Eigenverbrauch	......	1	......	1
6000	Aufwendungen für Rohstoffe	22	......	22	......
6200	Löhne	10	......	10	......
6520	Abschreibungen auf Sachanlagen .	......	......	......	......
6520	"...............................	......	......	......	......
6800	Büromaterial	1	......	1	......
7090	Sonstige betriebl. Steuern	1	......	1	......
....	S U M M E I	389	389	324	324
....	UNTERNEHMUNGSERGEBNIS	......	......	......	......
....	S U M M E II	......	......	......	......

Umbuchungen Nr.	S	Nr.	H	Saldenbil. II S	H	Schlußbilanz A	P	G- u.V.Rechn. S	H	Kto. Nr.
....	......	....	......	100	......	100	......	......	......	0700
....	......	1.	2	43	......	43	......	......	......	0800
3.	1	....	......	25	......	25	......	......	......	2000
....	......	3.	1	-	......	......	......	......	......	2001
....	......	4.	3	5	......	5	......	......	......	2100
5.	1	....	......	11	......	11	......	......	......	2200
....	......	....	......	68	......	68	......	......	......	2400
....	......	7.	1	-	......	......	......	......	......	2600
....	......	9.	5	10	......	10	......	......	......	2800
....	......	....	......	14	......	14	......	......	......	2880
6.	4	....	......	......	216	......	216	......	......	3000
....	......	6.	4	......	......	......	......	......	......	3001
....	......	2.	3	......	3	......	3	......	......	3610
....	......	....	......	......	35	......	35	......	......	4400
8.	6	....	......	......	......	......	......	......	......	4800
7.	1	8.	6	......	......	......	......	......	......	4820
9.	5	....	......	-	......	......	......	......	......	4820
....	......	....	......	......	2	......	2	......	......	4830
....	......	....	......	......	60	......	......	......	60	5000
4.	3	5.	1	2	......	......	......	2	......	5200
....	......	....	......	......	1	......	......	......	1	5420
....	......	....	......	22	......	......	......	22	......	6000
....	......	....	......	10	......	......	......	10	......	6200
1.	2	....	......	......	......	......	......	......	......	6520
2.	3	....	......	5	......	......	......	5	......	6520
....	......	....	......	1	......	......	......	1	......	6800
....	......	....	......	1	......	......	......	1	......	7090
....	26	....	26	317	317	276	256	41	61	S. I
....	......	....	......	......	......	......	20	20	......	U.E.
....	......	....	......	......	......	276	276	61	61	S.II

10.4 Lösung-Nr. 81 (Vorsteuerüberhang)

Zu 1. Zielverkauf
- Konto 2400 Ford.a.L.u.L (Aktivkonto): Zugang = Soll, Bruttobetrag:
  80 TEUR / 100 x 110 = 88 TEUR
- Konto 0700 Maschinen (Aktivkonto): Abgang = Haben, Betrag: Ansch.ko.
- Konto 6962 Verl.a.A./SA (Aufwandskonto): Aufwand = Soll,V.verlust.
  Buchwert: 120 TEUR (AK) ./. 24 (Wertber.) = 96 TEUR,
  Veräuß.verlust: 80 TEUR (VP/netto) ./. 96 TEUR (BW) = - 16 TEUR
- Konto 3610 Wertb.z.S.A. (Passivkonto): Abgang = Soll
- Konto 4800 Umsatzsteuer (Passivkonto): Zugang = Haben

Zu 2. Abschreibungen / Maschinen
- Konto 6520 Ab.a.S.A. (Aufwandskonto): Aufwand = Soll
- Konto 3610 Wertb.z.S.A. (Passivkonto): Zugang = Haben

Zu 3. Abschreibungen / Betriebs- und Geschäftsausstattung
- Konto 6520 Ab.a.S.A. (Aufwandskonto): Aufwand = Soll
- Konto 3610 Wertb.z.S.A. (Passivkonto): Zugang = Haben

Zu 4. Privatabgrenzung / PKW-Abschreibungen
- Konto 3001 Privatkonto (Unterkonto): Entnahme = Soll,
- Konto 5420 Eigenverbr. (Ertragskonto): Ertrag = Haben

Zu 5. Abschluß: Privatkonto:
- Konto 3001 Privatkonto (Unterkonto): Abschluß = Haben, 23 TEUR
- Konto 3000 Eigenkapital (Passivkonto): Entnahmen = Soll

Zu 6. Umsatzbonus
- Konto 4400 Verb.a.L.u.L (Passivkonto): Abgang = Soll, Bruttobetrag
- Konto 2002 Nachl./Rohst. (Unterkonto): Nachlaß = Haben, Nettobetrag:
  88 TEUR / 110 x 100 = 80 TEUR
- Konto 2600 Vorsteuer (Aktivkonto): Korrektur = Haben, Vorsteuerbetrag

Zu 7. Unterkonto: Bezugskosten
- Konto 2001 Bezugsk./R. (Unterkonto): Abschluß = Haben, Betrag:
  168 TEUR (Saldenbilanz I)
- Konto 2000 Rohstoffe (Aktivkonto): Bezugskosten = Soll

Zu 8. Unterkonto: Nachlässe
- Konto 2002 Nachlässe/R. (Unterkonto): Abschluß = Soll, Betrag:
  176 TEUR (Saldenbil.I) + 80 TEUR (Umbuch. 6.) = 256 TEUR
- Konto 2000 Rohstoffe (Aktivkonto): Nachlässe = Haben

Zu 9. Treuebonus an Kunden
- Konto 5001 Erlösb./E.E. (Unterkonto): Erlösber. = Soll, Nettobetrag:
  176 TEUR / 110 x 100 = 160 TEUR
- Konto 4400 Verb.a.L.u.L (Passivkonto): Zugang = Haben, Bruttobetrag
- Konto 4800 Umsatzsteuer (Passivkonto): Korrektur = Soll, USt-Betrag

Zu 10. Unterkonto: Erlösberichtigungen
- Konto 5001 Erlösb./ E.E. (Unterkonto): Abschluß = Haben, Betrag:
  256 (Saldenbil.I) + 160 TEUR (Umbuch.9.) = 832 TEUR

Zu 11. Inventurdifferenz / Rohstoffe
- Konto 6000 Aufw.f.R.St. (Aufwandskonto): Aufwand = Soll
- Konto 2000 Rohstoffe (Aktivkonto): Abgang = Haben

Zu 12. Bestandsveränderungen / Unfertige Erzeugnisse
- Konto 2100 Unfert.Erz. (Aktivkonto): Zugang = Soll, Betrag:

304 TEUR (Endbest.) ./. 256 TEUR (Anf.best.) =48 TEUR (Best.erhöh.)
- Konto 5200 Best.veränd. (Ertragskonto): Ertrag = Haben, Best.erhöhung

Zu 13. Bestandsveränderungen / Fertigerzeugnisse
- Konto 2200 Fertigerz. (Aktivkonto): Abgang = Haben, Betrag:
  304 TEUR (Endbest.)./.328 TEUR (Anf.best.) =-24 TEUR (Best.vermind.)
- Konto 5200 Best.veränd.(Ertragskonto): Best.vermind. = Soll (Aufwand)

Zu 14. Vorsteuer-Guthaben
- Konto 2600 Vorsteuer (Aktivkonto): Abschluß = Haben, Betrag:
  576 TEUR (Saldenbil.I) ./. 8 TEUR (Umbuch.6.) = 568 TEUR
- Konto 4820 USt-Verr.ko. (Verrechn.konto): Vorsteuer = Soll

Zu 15. Umsatzsteuer-Schuld
- Konto 4800 Umsatzsteuer (Passivkonto): Abschluß = Soll, Betrag:
  234 TEUR (Saldenbil.I) + 8 TEUR (Umbuch.1.) ./. 16 TEUR (Umbuch.9.) = 226 TEUR
- Konto 4820 USt-Verr.ko. (Verrechn.konto): Umsatzsteuer = Haben

Zu 16. Vorsteuer-Überhang
- Konto 4820 USt-Verr.ko. (Verrechn.konto): V-Überhang = Haben, Betrag:
  226 TEUR (USt-Schuld) ./ 568 TEUR (V-Guthaben) =342 TEUR (V-Überh.)
- Konto 2660 An.so.Ford. (Aktivkonto): Zugang = Soll

B U C H U N G S S Ä T Z E

GF.-Nr.	Konto-Nr.	Konto-Bezeichnung	Betrag (TEUR)	an	Konto-Nr.	Konto-Bezeichnung	Betrag (TEUR)
1.	2400	Ford.a.L.u.L	88	an	0700	Maschinen	120
	6962	Verl.a.A./SA	16		4800	Umsatzsteuer	8
	3610	Wertb.z.S.A.	24				
2.	6520	Ab.a.S.A.	80	an	3610	Wertb.z.S.A.	80
3.	6520	Ab.a.S.A.	40	an	3610	Wertb.z.S.A.	40
4.	3001	Privatkonto	5	an	5420	Eigenverbr.	5
5.	3000	Eigenkapital	23	an	3001	Privatkonto	23
6.	4400	Verb.a.L.u.L	88	an	2002	Nachlässe/R.	80
					2600	Vorsteuer	8
7.	2000	Rohstoffe	168	an	2001	Bezugsko./R.	168
8.	2002	Nachlässe/R.	256	an	2000	Rohstoffe	256
9.	5001	Erlösb./E.E.	160	an	4400	Verb.a.L.u.L	176
	4800	Umsatzsteuer	16				
10.	5000	Ums.erl./E.E	416	an	5001	Erlösb./E.E.	416
11.	6000	Aufw.f.R.St.	24	an	2000	Rohstoffe	24
12.	2100	Unfert.Erz.	48	an	5200	Best.veränd.	48
13.	5200	Best.veränd.	24	an	2200	Fertigerz.	24
14.	4820	USt-Verr.ko.	568	an	2600	Vorsteuer	568
15.	4800	Umsatzsteuer	226	an	4820	USt-Verr.ko.	226
16.	2660	And.so.Ford.	342	an	4820	USt-Verr.ko.	342
		S U M M E	2612			S U M M E	2612

Kto-Nr.	A B S C H L U S S Ü B E R S. Bezeichnung (Beträge in TEUR)	Summenbilanz S	Summenbilanz H	Saldenbil. I S	Saldenbil. I H
0700	Technische Anlagen und Maschinen	1120	-	1120	......
0700	".............................	-	-	......	......
0800	Betriebs- u. Geschäftsausstattung	440	112	328	......
2000	Rohstoffe	4160	38	4122	......
2000	".............................	-	-	......	......
2001	Bezugskosten / Rohstoffe	200	32	168	......
2002	Nachlässe / Rohstoffe	-	176	......	176
2100	Unfertige Erzeugnisse	256	-	256	......
2200	Fertigerzeugnisse	328	-	328	......
2400	Forderungen aus Lief. u. L.	1880	1584	296	......
2600	Vorsteuer	582	6	576	......
2600	".............................	-	-	......	......
2660	Andere sonstige Forderungen	-	-	......	......
2800	Bank	1620	900	720	......
2880	Kasse	60	20	40	......
3000	Eigenkapital	-	3706	......	3706
3001	Privatkonto	19	1	18	......
3610	Wertberichtig.zu Sachanlagen	-	296	......	296
3610	".............................	-	-	......	......
4400	Verbindlichkeiten aus Lief. u. L.	820	4456	......	3636
4800	Umsatzsteuer	1	235	......	234
4800	".............................	-	-	......	......
4820	Umsatzsteuer-Verrechnungskonto ..	-	-	......	......
4820	".............................	-	-	......	......
4890	Übrige sonstige Verbindlichkeiten	100	120	......	20
5000	Umsatzerlöse für eigene Erzeugn.	-	1680	......	1680
5001	Erlösbericht. / Eigene Erzeugn.	256	-	256	......
5200	Bestandsveränderungen	-	-	......	......
5420	Eigenverbrauch.................	......-	......-	......	.....-
6000	Aufwendungen für Rohstoffe	840	-	840	......
6520	Abschreibungen auf Sachanlagen ..	-	-	......	......
6520	".............................	-	-	......	......
6962	Verluste a.d. Abgang / Sachanl.	-	-	......	......
7510	Zinsaufwendungen	680	-	680	......
....	S U M M E I	13362	13362	9748	9748
....	UNTERNEHMUNGSERGEBNIS	.....	......	......	......
....	S U M M E II	.....	......	......	......

U m b u c h u n g e n				Saldenbil. II		Schlußbilanz		G- u.V.Rechn.		Kto.
Nr.	S	Nr.	H	S	H	A	P	S	H	Nr.
....	......	1.	120	......	......	......	......	......	......	0700
....	......			1000	......	1000	......	......	......	0700
....	......		...	328	......	328	......	......	......	0800
7.	168	11.	24	......	......	......	......	......	......	2000
....	......	8.	256	4010	......	4010	......	......	......	2000
....	......	7.	168	0	......	......	......	......	......	2001
8.	256	6.	80	0	......	......	......	......	......	2002
12.	48	....	......	304	......	304	......	......	......	2100
....	......	13.	24	304	......	304	......	......	......	2200
1.	88	....	......	384	......	384	......	......	......	2400
....	......	6.	8	......	......	......	......	......	......	2600
....	......	14.	568	0	......	......	......	......	......	2600
16.	342	....	......	342	......	342	......	......	......	2660
....	......	....	......	720	......	720	......	......	......	2800
....	......	....	......	40	......	40	......	......	......	2880
5.	23	....	......	......	3683	......	3683	......	......	3000
4.	5	5.	23	......	......	......	......	......	......	3001
1.	24	2.	80	......	......	......	......	......	......	3610
....	......	3.	40	......	392	......	392	......	......	3610
6.	88	9.	176	......	3724	......	3724	......	......	4400
9.	16	1.	8	......	......	......	......	......	......	4800
15.	226	....	......	......	0	......	......	......	......	4800
14.	568	15.	226	......	......	......	......	......	......	4820
....	......	16.	342	......	0	......	......	......	......	4820
....	......	....	......	......	20	......	20	......	......	4890
10.	416	....	......	......	1264	......	......	......	1264	5000
9.	160	10.	416	......	0	......	......	......	......	5001
13.	24	12.	48	......	24	......	......	......	24	5200
....	......	4.	5	......	5	......	......	......	5	5420
11.	24	....	......	864	......	......	......	864	......	6000
2.	80	....	......	......	......	......	......	......	......	6520
3.	40	....	......	120	......	......	......	120	......	6520
1.	16	....	......	16	......	......	......	16	......	6962
....	......	....	......	680	......	......	......	680	......	7510
....	2612	....	2612	9112	9112	7432	7819	1680	1293	S. I
....	......	....	......	......	Verl.:	387	......	......	387	U.E.
....	......	....	......	......	......	7819	7819	1680	1680	S.II

11 LÖSUNGEN: BEWERTUNGSAUFGABEN

11.1 Lösung-Nr. 82 (Inventar / Bilanzanalyse)

a)

Aktiva	Jahresbilanz		Passiva
Anlagevermögen	436500	Eigenkapital	172500
Umlaufvermögen	61000	Fremdkapital	325000
Summe	497500	Summe	497500

b1)

$$AI = \frac{\text{Anlagevermögen} \times 100}{\text{Gesamtvermögen}} = \frac{436500 \times 100}{497500} = 87{,}74\%$$

b2)

$$EQ = \frac{\text{Eigenkapital} \times 100}{\text{Gesamtkapital}} = \frac{172500 \times 100}{497500} = 34{,}67\%$$

11.2 Lösung-Nr. 83 (Bilanzveränderungen)

a)

A	Bilanz		P
Betriebsausst.	4500	Eigenkapital	4000
Waren	3500	Lfr.Bankdarlehen	2500
Kasse	3000	Lief. Verbindl.	3500
		Kontoschuld	1000
	11000		11000

- Es handelt sich um eine Bilanz-Verlängerung.

b)

A	Bilanz		P
Betriebsausst.	4500	Eigenkapital	4000
Waren	3500	Liefer.Verbindl.	3500
Kasse	500	Kontoschuld	1000
	8500		8500

- Es handelt sich um eine Bilanzverkürzung (gegenüber a))

11.3 Lösung-Nr. 84 (Betriebsvermögensvergleich bei Minuskapital)

Formel: $G = B_t - B_{t-1} + EN - EL$

G = 50.000 - (./. 100.000) + 70.000 - 20.000
G = 50.000 + 100.000 + 70.000 - 20.000
G = 200.000 EUR
===============

11.4 Lösung-Nr. 85 (Sammelbewertung)

- Möglichst niedriger Bestandswert: Hifo-Verfahren (ergibt Bewertung mit den niedrigsten Einkaufspreisen)

a) Hifo-Verfahren:

510 St	à 41 EUR	=	20910 EUR
40 St	à 50 EUR	=	2000 EUR
550 St		=	22910 EUR

b) Befundrechnung:

			GuV	
	AB + Zugänge	103660 EUR		Umsatzerlöse	91650 EUR
./.	Endbestand	22910 EUR	./.	Wareneinsatz	80750 EUR
=	Wareneinsatz	80750 EUR	=	Gewinn	10900 EUR

11.5 Lösung-Nr. 86 (Euro-Umstellungsbilanz)

AV: 92.796,22 : 1,95583 = 47.445,95389 ; abger.: 47.445,95 EUR
UV: 109.310,13 : 1,95583 = 55.889,382 ; abger.: 55.889,38 EUR
Summe Aktiva: 103.335,33 EUR
EK: 73.725,65 : 1,95583 = 37.695,32628 ; aufger.: 37.695,33 EUR
FK: 128.380,70 : 1,95583 = 65.640,00961 ; aufger.: 65.640,01 EUR
Summe Passiva: 103.335,34 EUR

- Unterschiedsbetrag: 103.335,33 - 103.335,34 = 0,01 EUR
- Eigenkapital: 37.695,33 - 0,01 = 37.695,32 EUR

A	Euro-Umstellungsbilanz		P
Anlagevermögen	47.445,95	Eigenkapital	37.695,32
Umlaufvermögen	55.889,38	Fremdkapital	65.640,01
	103.335,33		103.335,33

- Eigenkapital: 37.695,32 EUR
- Bilanzsumme: 103.335,33 EUR

11.6 Lösung-Nr. 87 (Euro-Rücklage / Währungsumrechnung)

Umrechnungen:
- Forderung / 1998: 200.000 FRF : 100 x 27,7777 = 55.555,40 DM
- Forderung in EUR: 200.000 FRF : 6,55957 = 30.489,80 EUR
- Forderung in DM: 30.489,80 EUR x 1,95583 = 59.632,87 DM
- Eurorücklage: 59.632,87 DM - 55.555,40 DM = 4.077,47 DM

A BILANZ per 31.12.1998 (DM) P

Aktiva		Passiva	
Forderung "Paris"	55.555,40	Eigenkapital	55.555,40
Summe	55.555,40	Summe	55.555,40

A BILANZ per 31.12.1999 (DM) P

Aktiva		Passiva	
Forderung "Paris"	59.632,87	Eigenkapital	55.555,40
/		Eurorücklage	4.077,47
Summe	59.632,87	Summe	59.632,87

- Forderung "Paris" in der Bilanz 1998: 55.555,40 DM
- Eurorücklage: 4.077,47 DM

11.7 Lösung-Nr. 88 (Anschaffungskosten / Wertpapiere)

a) - Verkaufserlös: 31.500,-- ./. 425,-- = 31.075,-- EUR
   - Anschaffungskurs (gewog. Durchschnitt):
     (15.203,-- + 35.473,--): 150 = 337,84 EUR
   - Anschaff.wert d. verk. Aktien: 140 x 337,84 = 47.297,60 EUR
   - Verlust: 47.297,60 ./. 31.075 = 16.222,60 EUR

b) 10 Stück x 210,-- EUR = 2.100,-- EUR

11.8 Lösung-Nr. 89 (Dividendenerträge an Personengesellschaft)

a) Erträge aus Wertpapieren:

	EUR
Bankeingang	264,60
Körperschaftsteuer-Gutschrift	151,20
Kapitalertragsteuer-Gutschrift	88,20
Erträge aus Wertpapieren	504,--

b) Vorläufige Netto-Dividende:

	EUR
Bruttodividende	504,--
Körperschaftsteuer (30 %)	- 151,20
Bardividende	= 352,80
Kapitalertragsteuer (25 %)	- 88,20
Vorläufige Netto-Dividende	264,60

11.9 Lösung-Nr. 90 (Herstellungskosten / Wohnbau)

a) Unternehmensergebnis mögl. günstig: mögl. hohe Herstellungskosten
HK = 1.350.000 ./. 67.500 (Aktivierungsverbot) = 1.282.500 EUR

b) GuV

	Erträge (Bestandserhöhung / Herstellungskosten)	1.282.500 EUR
./.	Aufwand	1.350.000 EUR
=	Unternehmensergebnis (Verlust)	./. 67.500 EUR

11.10 Lösung-Nr. 91 (Prozentsatz der degressiven Abschreibung)

$$p = 100\left(1 - \sqrt[4]{12.500 / 40.000}\right)$$

$$p = 100\,(1 - 0{,}7477) = 100\,(0{,}2523) = 25\ \%$$

11.11 Lösung-Nr. 92 (Abschreibungsverfahren / Übergang)

a) Formel-Lösung:

$$\frac{1}{r_n} > \frac{p}{100}, \text{ d.f. } r_n < \frac{100}{p}, \; r_n < \frac{100}{25}, \; r_n < 4$$

r_n = 3, d.h. im 7. Jahr gleich hohe Afa, ab dem 8. Jahr höhere AfA bei linearer Abschreibung

a) Tabellarische Lösung:

Jahr	De.Abschr.betr.	Restbuchwert	L. Abschr.betr.
1.	12.500,--	37.500,--	
2.	9.375,--	28.125,--	
3.	7.031,25	21.093,75	
4.	5.273,44	15.820,31	
5.	3.955,08	11.865,23	
6.	2.966,31	8.898,92	(11.865,23 : 5 = 2.373,05)
7.	2.224,73	6.674,19	(8.898,92 : 4 = 2.224,73)
8.	1.668,55	5.005,64	(6.674,19 : 3 = 2.224,73)

- Erstes Nutzungsjahr für lineare Abschreibung wäre das 8. Jahr.

b) 6.674,19 EUR ./. 2.224,73 EUR = 4.449,46 EUR

11.12 Lösung-Nr. 93 (Schwebende Geschäfte)

a) Wertansatz 0 EUR
(Keine Aktivierung, da schwebendes Geschäft)

b) Zukünftige Anschaffungskosten : 1000 kg x 29 = 29.000 EUR
Vergleichswert / Bilanzstichtag: 1000 kg x 23 = 23.000 EUR
Drohender Verlust aus schwebendem Geschäft 6.000 EUR

11.13 Lösung-Nr. 94 (Aktive latente Steuern)

a) Handelsbilanz-Ergebnis:
195.000 EUR./. 15.000 EUR = 180.000 EUR

b) Latente Steueransprüche:
- Fiktive Ertragsteuer-Belastung: 60% v. 180.000 = 108.000 EUR
- Steuerbilanz-Ergebnis: 195000 EUR./. 1.500 EUR = 193.500 EUR
- Effektive Ertragsteuer-Belastung: 60% v. 193.500 EUR = 116.100 EUR
- Latente Steueransprüche: 116.100 EUR./. 108.000 EUR = 8.100 EUR (Aktive Rechnungsabgrenzung)

11.14 Lösung-Nr. 95 (Beizulegender Wert)

- Bilanzposition: Unfertige Erzeugnisse / Umlaufvermögen (Strenges Niederstwertprinzip)
- Beizulegender Wert: Voraussichtlicher Verkaufserlös abzüglich noch anfallende Aufwendungen

	EUR
- Tatsächliche Herstellungskosten: 5000 St. x 12,-- EUR =	60.000
- Beizulegender Wert:	
Voraussichtlicher Verkaufserlös: 5000 St. x 14,-- EUR =	70.000
./. Erlösschmälerungen (3 % vom Verkaufserlös) =	2.100
./. Verpackung / Fracht: 5000 St. x 0,60 EUR =	3.000
./. Verwaltungskosten (2 % vom Verkaufserlös) =	1.400
./. Beschichtung: 5000 St. x 1,70 EUR =	8.500
= Beizulegender Wert	55.000

- Die Bilanzposition ist zu bewerten mit: 55.000 EUR (Niederstwertpr.)

11.15 Lösung-Nr. 96 (Gewinnverteilung / KG)

Gewinnverteilungstabelle	A	B	Summe
1. Kapital (einbezahlt)	50.000	7.500	57.500
2. Vorab/Geschäftsführer	35.000	--	35.000
3. Vordividende 4% von 1.	2.000	300	2.300
4. Restgewinn 2:1	41.800	20.900	62.700
5. Gewinnanteile (2. + 3. + 4.)	78.800	21.200	100.000

11.16 Lösung-Nr. 97 (Gewinnverteilung / AG)

a) Bilanzgewinn: 12.500 TEUR ./. 6.000 TEUR = 6.500 TEUR
Vorstandstantieme: 5% von 6.500 TEUR = 325 TEUR

b) Bemessungsgrundlage: 6.500 TEUR ./. 3.000 TEUR = 3.500 TEUR
Aufsichtsrattantieme: 5% von 3.500 TEUR = 175 TEUR

11.17 Lösung-Nr. 98 (Cash Flow als Ertrags- und Finanzindikator)

a) Ertragslage:

	Vorjahr:	Berichtsjahr:
Umsatzrentabilität	$\frac{6.860 \times 100}{81.379}$ = 8,4 %	$\frac{9.360 \times 100}{88.406}$ = 10,6 %
CF-Umsatzrentabilität	$\frac{16.520 \times 100}{81.379}$ = 20,3 %	$\frac{18.300 \times 100}{88.406}$ = 20,7 %

Die Umsatzrentabilität allein betrachtet, hat sich deutlich verbessert. Die CF-Umsatzrentabilität zeigt jedoch die wahre Entwicklung an. Die Rentabilität ist in Wirklichkeit anähernd gleich geblieben, die Steigerung des Bilanzgewinns wurde durch die Verminderung der Abschreibung "schöngerechnet".

b) Finanzlage (längerfristig):

	Vorjahr:	Berichtsjahr:
Verschuldungsgrad II	$\frac{21.912}{16.520}$ = 1,3 Jahre	$\frac{27.412}{18.300}$ = 1.5 J.

Die längerfristige Finanzlage hat sich zwar leicht verschlechtert, ist aber im Vergleich mit anderen Unternehmen als sehr gut zu bezeichnen. Die Unternehmung könnte bei ihrem derzeitigen Cash Flow ihr gesamtes Fremdkapital in weniger als 2 Jahren zurückzahln. Nach einer Faustregel ist ein Verschuldungsgrad von 10 oder mehr als bedenklich anzusehen.

11.18 Lösung-Nr. 99 (Kapitalkonsolidierung)

Bilanzposition (TEUR)	Mutter-untern.	Tochter-Untern.	Summen-bilanz	Konsol.-spalte	Konzern-bilanz
Unterschiedsbetrag				1)+115	
"				2) -40	
"				3) -75	
Geschäfts- / Firmenwert	--	--	--	3) +75	75
Beteiligung	200	--	200	1)-200	--
Sonstige Aktiva	1.000	210	1.210	2) +40	1.250
Summe	1.200	210	1.410	-85	1.325
Gezeichn. Kapital	400	50	450	1) -50	400
Rücklagen	50	20	70	1) -20	50
Bilanzgewinn	150	15	165	1) -15	150
Sonstige Passiva	600	125	725		725
Summe	1.200	210	1.410	-85	1.325

1) Unterschiedsbetrag: 200 - 50 - 20 - 15 = 115 TEUR
2) Stille Reserven: 40 TEUR
3) Geschäfts- oder Fimrnwert: 115 - 40 = 75 TEUR

11.19 Lösung-Nr. 100 (Umsatzkonsolidierung)

Position (TEUR)	Mutter-untern.	Tochter-Untern.	Summen-Spalte	Konsol.-spalte	Konzern-Erfo.-r.
Umsatzerlöse	800	620	1.420	1)-620	800
Materialaufwand	620	500	1.120	1)-620	500
Sonstige Aufwendungen	80	20	100		100
Jahresüberschuß	100	100	200		200

1) Aufrechnung: Innenumsätze des Lieferers (Tochterunternehmen) gegen die Materialaufwendungen des Empfängers (Mutterunternehmen)

11.20 Lösung-Nr. 101 (Bewegungbilanz)

A	Veränderungsbilanz (Beträge in TEUR) (BJ)		P
Sachanlagevermögen	+ 26	Eigenkapital	+ 23
Finanzanlagen	- 5	Rückstellungen	+ 7
Vorratsvermögen	- 19	Erhaltene Anzahlungen	+ 8
Forderungen a. Liefer.	+ 12	Verbindl. a. Liefer.	+ 12
Zahlungsmittel	- 7	Verbindl. g. Bank	- 39
Aktive Rechn.abgrenz.	+ 2	Passive Rechn.abgrenz.	-2
Summe	+ 9	Summe	+ 9

Mittelverwendung	Bewegungsbilanz (TEUR)		Mittelherkunft
(A+):		(P+):	
Sachanlagen	26	Eigenkapital	23
Forderungen a. Liefer.	12	Rückstellungen	7
Aktive Rechn.abgrenz.	2	Erhaltene Anzahlungen	8
(P-):		Verbindl. a. Liefer.	12
Verbindl. g. Bank	39	(A-):	
Passive Rechn.abgrenz.	2	Finanzanlagen	5
/		Vorratsvermögen	19
/		Zahlungsmittel	7
Summe	81	Summe	81

- Der Fonds "Zahlungsmittel" hat um 7 TEUR abgenommen.

(Fortsetzung nächste Seite)

12 LÖSUNGEN ZUR TESTKLAUSUR

12.1 Lös.Nr. 102 - 104 (Verbalfragen: Ergebnisverwendung)

A u f g a b e 102
Welche der folgenden Alternativen sind richtig (Mehrfachwahl) ?

Im Zusammenhang mit dem Betriebsvermögensvergleich (EStG) gilt:

A) Beim Betriebsvermögensvergleich wird ein Vergleich zwischen Vermögenswerten und Schulden des Betriebes durchgeführt
B) Die Differenz zwischen Vermögen und Schulden des Betriebes am Bilanzstichtag stellt den steuerpflichtigen Gewinn dar
C) X Privatentnahmen müssen am Ende des Berichtsjahres zum Betriebsvermögen hinzugezählt werden
D) X Privateinlagen werden vom Betriebsvermögen abgezogen, da sie nicht zum steuerpflichtigen Gewinn gehören
E) Der Betriebsvermögensvergleich wird nicht zur Gewinnermittlung verwendet bei Vorhandensein der Gewinn- und Verlustrechnung
F) Der Betriebsvermögensvergleich dient auch zur Gewinnermittlung bei der Einnahme- / Überschußrechnung (Jahresumsatz unter 250 TEUR)

A u f g a b e 103
Welche der folgenden Alternativen sind richtig (Mehrfachwahl) ?

Im Zusammenhang mit der Systematik der Geschäftsfälle gilt:

A) Beim Passivtausch wird ein Passivposten gegen einen Aktivposten getauscht (Bilanzsumme bleibt gleich)
B) Beim Passivtausch wird ein Passivposten gegen einen Passivposten mit höherem Betrag getauscht (Bilanzverlängerung)
C) Bei der direkten Abschreibung auf Sachanlagen entsteht eine Bilanz verlängerung
D) Bei der indirekten Abschreibung auf Sachanlagen (Wertberichtigungen) entsteht ein Aktivtausch
E) X Privatentnahmen sind erfolgsneutral, wenn der Entnahmewert gleich dem Buchwert des entnommenen Gegenstandes ist
F) X Der Vorsteuerüberhang (anrechenbare Vorsteuer höher als die Umsatzsteuerschuld) ist kein erfolgswirksamer Geschäftsvorfall

A u f g a b e 104
Welche der folgenden Alternativen sind richtig (Mehrfachwahl) ?

Im Zusammenhang mit der Bilanz nach teilweiser Ergebnisverwendung (Kapitalgesellschaften) gilt:

A) Das Eigenkapital enthält die Position: Jahresüberschuß / Jahresfehlbetrag
B) Das Eigenkapital enthält die Position: Gewinnrücklagen / alt
C) Das Eigenkapital enthält die Position: Sonderposten mit Rücklageanteil
D) X Das Eigenkapital enthält die Position: Gezeichnetes Kapital
E) Der an die Aktionäre auszuschüttende Betrag wird in die Gewinnrücklagen eingestellt
F) X Die Hauptversammlung einer AG kann im Beschluß über die Verwendung des Bilanzgewinns weitere Beträge in die Rücklagen einstellen

12.2 Lös.Nr. 105 - 106 (Bewertung: Wertpapiere)

A u f g a b e n b l o c k (105 - 106)

a) Bei einem Betrieb liegen die nachstehenden Angaben über Wertpapiergeschäfte vor:

- Kauf von Aktien der Industria AG am 02.01. des Geschäftsjahres: (Stückaktien)

Anzahl:	1000 Stück
Ankaufskurs	21,77 EUR
Kurswert zusammen	21.770,-- EUR
Kauf-Nebenkosten(Bankprovision usw.)	235,12 EUR

- Beim Dividendentermin am 03.09. des Geschäftsjahres erhielt der Betrieb folgendes gutgeschrieben:

Netto-Dividende für diese Aktien (Überweis.betrag)	315,-- EUR
Körperschaftsteuer-Gutschrift, hierzu	180,-- EUR
Kapitalertragsteuer-Gutschrift, hierzu	105,-- EUR

- Am Bilanzstichtag betrug der Kurs der Industria Aktien: 20,51 EUR

b) Errechnen Sie folgende Beträge, die der Buchhalter verbuchen muß:
- "Erträge aus Wertpapieren" beim Dividenden-Eingang
- Bestand an "Wertpapieren des Umlaufvermögens" zum Bilanzstichtag

Lösung "Wertpapier-Erträge":

	Netto-Dividende	315,-- EUR
	KapESt-Gutschrift	105,-- EUR
	KSt-Gutschrift	180,-- EUR
	Summe	600,-- EUR

Lösung "Bilanzwert": Strenges Niederstwertprinzip, da Umlaufvermögen!

- Anschaffungskosten: 21.770,-- EUR + 235,12 EUR = 22.005,12 EUR
- Beizuleg. Wert: 1000 St. x 20,51 EUR = 20.510,-- EUR

- Niedrigerer Wert: 20.510,-- EUR

===

A u f g a b e 105

Markieren Sie in dem Wertefeld X1:
(Links beginnen, hier nur Ganzzahl)

- Wieviel betragen die "Erträge aus Wertpapieren" (600 EUR)

A u f g a b e 106

Markieren Sie in dem Wertefeld X2:
(Links beginnen, hier nur Ganzzahl)

- Wieviel beträgt der Bestand an Wertpapieren des Umlaufvermögens? (20.510 EUR)

12.3 Lös.Nr. 107 - 111 (Buchungssätze: Ingangsetzung)

A u f g a b e n b l o c k (107 - 111)

Tragen Sie zunächst im untenstehenden Journal die zutreffenden Buchungssätze ein für d. folgenden Geschäftsfälle eines Industriebetriebes! Verwenden Sie dabei den Übungskontenplan gemäß IKR im Anhang, als Umsatzsteuer-Satz wird 10% angenommen. Umsatzsteuer-Berichtigung: Nettoverfahren; Fabrikate: Befundrechnung.

		EUR
1.	Banküberweisung für Werbeanzeige wegen Erweiterung des Geschäftsbetriebes (Aktivieren!), brutto	8250
	Netto	7500
	Vorsteuer	750
2.	Durch die Aktivierung bei 1. entsteht ein latenter Steuerbetrag. Rückstellungspflicht!	4500
3.	Zieleinkauf von Rohstoffen, netto	1500
	Vorsteuer	150
	Brutto	1650
4.	Banküberweisung an den Lieferanten von 3. unter Abzug von 2% Skonto	
	Skontobetrag / brutto : 2% vo 1650	33
	netto : 33 / 110 * 100	30
	Vorsteuer-Berichtigung: 33 - 30	3
	Überweisungsbetrag : 1650 - 33	1617
5.	Privatentnahme von Fertigerzeugnissen, netto	500
	Umsatzsteuer	50
	Brutto	550

B U C H U N G S S Ä T Z E

GF-Nr.	Konto-Nr.	Konto-Bezeichnung	Betrag (EUR)	an	Konto-Nr.	Konto-Bezeichnung	Betrag (EUR)
1.	0100	Ing./E.d.GB	7500	an	2800	Bank	8250
	2600	Vorsteuer	750				
2.	7750	Latente St.	4500	an	3850	Lat.St./Rü.	4500
3.	2000	Rohstoffe	1500	an	4400	Verb.a.L.u.L	1650
	2600	Vorsteuer	150				
4.	4400	Verb.a.L.u.L	1650	an	2800	Bank	1617
					2002	Nachlässe/R.	30
					2600	Vorsteuer	3
5.	3001	Privatkonto	550	an	5420	Eigenverbr.	500
					4800	Umsatzsteuer	50
		S U M M E	16600			S U M M E	16600

Raum für Entwürfe:

....

....

....

....

....

....

....

....

....

A U F G A B E 107
Markieren Sie im Wertefeld X1!
(Links beginnen, 4-stellige Konto-Nummer)

- Geschäftfall 1: Unter welcher Konto-Nummer wird der Nettobetrag verbucht?
(Konto-Nr. 0100)

A U F G A B E 108
Markieren Sie im Wertefeld X2!
(Links beginnen, 4-stellige Konto-Nummer)

- Geschäftsfall 2: Unter welcher Konto-Nummer hat die Sollbuchung zu erfolgen?
(Konto-Nr. 7750)

A U F G A B E 109
Markieren Sie im Wertefeld X3!
(Links beginnen, 4-stellige Konto-Nummer)

- Geschäftsfall 3: Unter welcher Konto-Nummer wird der Bruttobetrag verbucht?
(Konto-Nr. 4400)

A U F G A B E 110
Markieren Sie im Wertefeld X4!
(Links beginnen, 4-stellige Konto-Nummer)

- Geschäftsfall 4: Unter welcher Konto-Nummer erfolgt die Sollbuchung?
(Konto-Nr. 4400)

A U F G A B E 111
Markieren Sie im Wertefeld X5!
(Links beginnen, 4-stellige Konto-Nummer)

- Geschäftsfall 5: Unter welcher Konto-Nummer wird der Nettobetrag verbucht?
(Konto-Nr. 5420)

12.4 Lös.Nr. 112 - 116 (Buchungsgang: Erlösberichtigungen)

A u f g a b e n b l o c k (112 - 116)

(a) Tragen Sie die Anfangsbestände vor aus der Eröffnungsbilanz in die bereits angelegten Hauptbuchkonten (T-Konten)!

A Eröffnungsbilanz zum 31. 12. 19... P

Aktiva		Passiva	
T.A.u.Masch.	52800	Eigenkapital	89760
A.A.u.B.G.A.	19800	Wertb.z.S.A.	16500
Rohstoffe	9900	Verb.a.L.u.L.	21120
Hilfsstoffe	7920	Sonst.Verb.	330
Unfert.Erz.	8580		
Fertigerz.	825		
Ford.a.L.u.L.	16500		
And.so.Ford.	165		
Bank	7920		
Kasse	3300		
Summe	127710		127710

(b) Tragen Sie die nachstehenden Buchungssätze der laufenden Geschäftsfälle ein in die Hauptbuchkonten, jeweils unter Angabe von Geschäftsfall-Nr. (1., 2., 3., usw.) und Betrag! Die Kontennummern wurden eingesetzt entsprechend dem Kontenplan gemäß IKR im Anhang, als Umsatzsteuer-Satz wurde 10% angenommen. Beträge: Volle EUR.

Nr.	Konto	Bezeichnung	EUR		Konto	Bezeichnung	EUR
1.	2000	Rohstoffe	3300	an	4400	Verb.a.L.u.L	3630
	2600	Vorsteuer	330				
2.	2880	Kasse	583	an	0700	Maschinen	660
	6962	Verl.a.A./SA	130		4800	Umsatzsteuer	53
3.	2400	Ford.a.L.u.L	23991	an	5000	Ums.erl./E.E	21810
					4800	Umsatzsteuer	2181
4.	5001	Erlösb./E.E.	150	an	2400	Ford.a.L.u.L	165
	4800	Umsatzsteuer	15				
5.	3001	Privatkonto	825	an	2880	Kasse	825
6.	6200	Löhne	8166	an	2800	Bank	7680
					4890	Sonst.Verb.	486
7.	6400	Soz.Abgaben	816	an	4890	Sonst.Verb.	816
		Summe:	38306			Summe:	38306

(c) Tragen Sie zunächst im nebenstehenden Journal die vorbereitenden u. endgültigen Abschlußbuchungen ein gemäß den Abschlußangaben (Geschäftsfall-Nr.:a., b., c., usw.). Führen Sie dann auf den Hauptbuchkonten die Abschlußbuchungen durch, jeweils unter Angabe von Geschäftsfall-Nr. und Betrag (auf den Abschlußkonten auch Angabe des Gegenkontos). Es können Sammelbuchungssätze verwendet werden.

	EUR
- Abschreibung der Betr.- und Gesch.ausstattung (direkt)	396
- Abschreibung der Maschinen (indirekt)	5214
- Materialkonten: Befundrechung!	
- Inventurbestand / Rohstoffe	7590
- Inventurbestand / Hilfsstoffe	330
- Fabrikatekonten: Befundrechnung!	
- Inventurbestand / Unfertige Erzeugnisse	5280
- Inventurbestand / Fertigerzeugnisse	18480
- Die Umsatzsteuer-Zahllast ist auf dem Verrechnungskonto zu ermitteln und zu passivieren!	

(d) Vergessen Sie nicht die Fragen auf der Seite nach der Schlußbilanz sowie Ihre Markierungen im Beleg!

B U C H U N G S S Ä T Z E

GF. Nr.	Konto Nr.	Konto-Bezeichnung	Betrag (EUR)	an	Konto Nr.	Konto-Bezeichnung	Betrag (EUR)
a.	6520	Ab.a.S.A.	396	an	0800	Betr.u.G.A.	396
b.	6520	Ab.a.S.A.	5214	an	3610	Wertb.z.S.A.	5214
c.	5000	Ums.erl./E.E	150	an	5001	Erlösb./E.E.	150
d.	6000	Aufw.f.R.St.	5610	an	2000	Rohstoffe	5610
e.	6020	Aufw.f.H.St.	7590	an	2020	Hilfsstoffe	7590
f.	5200	Best.veränd.	3300	an	2100	Unfert.Erz.	3300
g.	2200	Fertigerz.	17655	an	5200	Best.veränd.	17655
h.	3000	Eigenkapital	825	an	3001	Privatkonto	825
i.	4820	USt-Verr.ko.	330	an	2600	Vorsteuer	330
j.	4800	Umsatzsteuer	2219	an	4820	USt-Verr.ko.	2219
k.	4820	USt-Verr.ko.	1889	an	4890	Sonst.Verb.	1889
l.	8020	G.u.V.-Konto	27922	an	....	Alle Aufw.ko.	27922
m.	5000	Ums.erl./E.E	21660	an	8020	G.u.V.-Konto	21660
n.	5200	Best.veränd.	14355	an	8020	G.u.V.-Konto	14355
o.	8020	G.u.V.-Konto	8093	an	3000	Eigenkapital	8093
p.	8010	Schlußbil.K.	147013	an	....	Alle Aktivko.	147013
q.	....	Alle Passivko	147013	an	8010	Schlußbil.K.	147013
		S U M M E	411234			S U M M E	411234

S	0700 Maschinen		H
AB	52800	2.2880	660
------	-------	------	-------
------	-------	------	-------
------	-------	------	-------
------	-------	------	-------
------	-------	------	-------
------	-------	------	-------
------	-------	p.8010	52140
SU	52800	SU	52800

S	0800 Betr.u.G.A.		H
AB	19800	a.6520	396
------	-------	------	-------
------	-------	------	-------
------	-------	------	-------
------	-------	------	-------
------	-------	------	-------
------	-------	------	-------
------	-------	p.8010	19404
SU	19800	SU	19800

S	2000 Rohstoffe		H
AB	9900	d.6000	5610
1.4400	3300	------	-------
------	-------	------	-------
------	-------	------	-------
------	-------	------	-------
------	-------	------	-------
------	-------	------	-------
------	-------	p.8010	7590
SU	13200	SU	13200

S	2020 Hilfsstoffe		H
AB	7920	e.6020	7590
------	-------	------	-------
------	-------	------	-------
------	-------	------	-------
------	-------	------	-------
------	-------	------	-------
------	-------	------	-------
------	-------	p.8010	330
SU	7920	SU	7920

S	2100 Unfert.Erz.		H
AB	8580	f.5200	3300
------	-------	------	-------
------	-------	------	-------
------	-------	------	-------
------	-------	------	-------
------	-------	------	-------
------	-------	------	-------
------	-------	p.8010	5280
SU	8580	SU	8580

S	2200 Fertigerz.		H
AB	825	------	-------
g.5200	17655	------	-------
------	-------	------	-------
------	-------	------	-------
------	-------	------	-------
------	-------	------	-------
------	-------	------	-------
------	-------	p.8010	18480
SU	18480	SU	18480

S	2400 Ford.a.L.u.L		H
AB	16500	4.5001	165
3.5000	23991	------	-------
------	-------	------	-------
------	-------	------	-------
------	-------	------	-------
------	-------	------	-------
------	-------	------	-------
------	-------	p.8010	40326
SU	40491	SU	40491

S	2600 Vorsteuer		H
1.4400	330	i.4820	330
------	-------	------	-------
------	-------	------	-------
------	-------	------	-------
------	-------	------	-------
------	-------	------	-------
------	-------	------	-------
------	-------	------	-------
SU	330	SU	330

S	2660 And.so.Ford.		H
AB	165	------	-------
------	-------	------	-------
------	-------	------	-------
------	-------	------	-------
------	-------	------	-------
------	-------	------	-------
------	-------	------	-------
------	-------	p.8010	165
SU	165	SU	165

S	2800 Bank		H
AB	7920	6.6200	7680
------	-------	------	-------
------	-------	------	-------
------	-------	------	-------
------	-------	------	-------
------	-------	------	-------
------	-------	------	-------
------	-------	p.8010	240
SU	7920	SU	7920

S	2880 Kasse		H
AB	3300	5.3001	825
2.0700	583		
		p.8010	3058
SU	3883	SU	3883

S	3000 Eigenkapital		H
h.3001	825	AB	89760
		o.8020	8093
q.8010	97028		
SU	97853	SU	97853

S	3001 Privatkonto		H
5.2880	825	h.3000	825
SU	825	SU	825

S	3610 Wertb.z.S.A.		H
		AB	16500
		b.6520	5214
q.8010	21714		
SU	21714	SU	21714

S	4400 Verb.a.L.u.L		H
		AB	21120
		1.2000	3630
q.8010	24750		
SU	24750	SU	24750

S	4800 Umsatzsteuer		H
4.2400	15	2.2880	53
j.4820	2219	3.2400	2181
SU	2234	SU	2234

S	4820 USt-Verr.ko.		H
i.2600	330	j.4800	2219
k.4890	1889		
SU	2219	SU	2219

S	4890 Sonst.Verb		H
		AB	330
		6.6200	486
		7.6410	816
		k.4820	1889
q.8010	3521		
SU	3521	SU	3521

S	5000 Ums.erl./E.E.		H
c.5001	150	3.2400	21810
m.8020	21660		
SU	21810	SU	21810

S	5001 Erlösb./E.E.		H
4.2400	150	c.5000	150
SU	150	SU	150

S	5200 Best.veränd.		H
f.2100	3300	g.2200	17655
n.8020	14355		
SU	17655	SU	17655

S	6000 Aufw.f.R.St.		H
d.2000	5610		
		l.8020	5610
SU	5610	SU	5610

S	6020 Aufw.f.H.St.		H
e.2020	7590		
		l.8020	7590
SU	7590	SU	7590

S	6200 Löhne		H
6.2800	8166		
		l.8020	8166
SU	8166	SU	8166

S	6400 Soz.Abgaben		H
7.4890	816		
		l.8020	816
SU	816	SU	816

S	6520 Ab.a.S.A.		H
a.0800	396		
b.3610	5214		
		l.8020	5610
SU	5610	SU	5610

S	6962 Verl.a.A./SA		H
2.0700	130		
		l.8020	130
SU	130	SU	130

S	8010 Schlußbil.K.		H
p.0700	52140	q.3000	97028
p.0800	19404	q.3610	21714
p.2000	7590	q.4400	24750
p.2020	330	q.4890	3521
p.2100	5280		
p.2200	18480		
p.2400	40326		
p.2660	165		
p.2800	240		
p.2880	3058		
SU	147013	SU	147013

S	8020 G.u.V.-Konto		H
l.6000	5610	m.5000	21660
l.6020	7590	n.5200	14355
l.6200	8166		
l.6400	816		
l.6520	5610		
l.6962	130		
o.3000	8093		
SU	36015	SU	36015

Raum für Entwürfe:

....

....

....

....

....

....

....

....

....

A U F G A B E 112
Markieren Sie im Wertefeld X1!
(Links beginnen)

- Konto-Nr. 5200: Wieviel beträgt die Kontensumme nach dem Abschluß?
(17655 EUR)

A U F G A B E 113
Markieren Sie im Wertefeld X2!
(Links beginnen)

- Konto-Nr. 6000: Wieviel beträgt die Kontensumme nach dem Abschluß?
(5610 EUR)

A U F G A B E 114
Markieren Sie im Wertefeld X3!
(Links beginnen)

- Konto-Nr. 6520: Wieviel beträgt die Kontensumme nach dem Abschluß?
(5610 EUR)

A U F G A B E 115
Markieren Sie im Wertefeld X4!
(Links beginnen)

- Konto-Nr. 8020: Wieviel beträgt die Kontensumme nach dem Abschluß?
(36015 EUR)

A U F G A B E 116
Markieren Sie im Wertefeld X5!
(Links beginnen)

- Konto-Nr. 8010: Wieviel beträgt die Kontensumme nach dem Abschluß?
(147013 EUR)

12.5 Lös.Nr. 117 - 124 (Abschlußübersicht: Delcredere-Bildung)

A u f g a b e n b l o c k (117 - 124)

(a) Auf der übernächsten Seite finden Sie die Abschlußübersicht für eine Industrieunternehmung, die Kontennummern sind entspr. dem neuen Industriekontenrahmen (IKR'86) eingesetzt, die Summenbilanz ist bereits eingetragen (unsaldierte Kontensummen). Alle Beträge lauten auf Tausend EUR (TEUR), als Umsatzsteuer-Satz ist 10% angenommen. Materialkonten: Fortschreibungsrechnung, Fabrikatekonten: Befundrechnung.

(b) Tragen Sie zunächst im nebenstehenden Journal die Buchungssätze ein für die Umbuchungen entsprechend den Abschlußangaben:

		TEUR
1.	Es soll erstmalig eine Pauschalwertberichtigung zu Forderungen gebildet werden, diese soll betragen: - 5 % des Forderungsbestandes am Jahresende, netto EB/Ford. 550 :110x100= 500 ;5%= 25	25
2.	Abschreibungen auf Techn. Anlagen und Maschinen, ind.	22
3.	Abschreibung der Betriebs- und G.Ausst., indirekt	7
4.	Ein Hypothekendisagio soll aktiviert werden, Betrag: Das Disagio ist während des Jahres als Zinsaufwendungen verbucht worden.	2
5.	Privatabgrenzung / Betriebs-Pkw (hier: Buchung mit Eigenverbrauchskonto, ohne Umsatzsteuer)	5
6.	Umsatzbonus vom Rohstofflieferer (brutto) (Verrechnung mit unseren Verbindlichkeiten)	22
7.	Abschluß des Unterkontos: Bezugskosten SBI 75	75
8.	Abschluß des Unterkontos: Lieferernachlässe SBI 100 + 20 (6.)	120
9.	Treuebonus an Stammkunden (brutto) (Zugang von Verbindlichk. a. Lief. u. Leist.)	33
10.	Abschluß des Unterkontos: Erlösberichtigungen SBI 200 + 30 (9.)	230
11.	Abschluß des Privatkontos SBI 75 + 5 (5.)	80
12.	Inventurbestand / Unfertige Erzeugnisse BV= EB 175 ./. AB 183 = - 8 (Best.vermind.)	175
13.	Inventurbestand / Fertigerzeugnisse BV= EB 355 ./. AB 350 = 5 (Best.erhöhung)	355
14.	Verrechnung des Vorsteuerguthabens SBI 120 ./. 2 (6.)	118
15.	Verrechnung der Umsatzsteuerschuld SBI 230 ./. 3 (9.)= 227	227
16.	Aktivierung bzw. Passivierung des Saldos des Umsatzsteuer-Verrechnungskontos U-Schuld 227 ./. Vorst.G 118	109

(c) Entwickeln Sie nun die Abschlußübersicht und errechnen Sie dabei das Unternehmungsergebnis. Achten Sie auf der rechten Seite der Abschlußübersicht auf die richtigen Zeilen (Konto-Nr. in der letzten Spalte).

!! Beantworten Sie die Fragen auf den Seiten nach der Abschlußübersicht und markieren Sie Ihre Lösungswerte auf dem Beleg!

B U C H U N G S S Ä T Z E

GF.-Nr.	Konto-Nr.	Konto-Bezeichnung	Betrag (TEUR)	an	Konto-Nr.	Konto-Bezeichnung	Betrag (TEUR)
1.	6950	Ab.a.Ford.	25	an	3680	PWB z.Ford.	25
2.	6520	Ab.a.S.A.	22	an	3610	Wertb.z.S.A.	22
3.	6520	Ab.a.S.A.	7	an	3610	Wertb.z.S.A.	7
4.	2930	Akt.R.A.P.	2	an	7510	Zinsaufwand	2
5.	3001	Privatkonto	5	an	5420	Eigenverbr.	5
6.	4400	Verb.a.L.u.L	22	an	2002	Nachlässe/R.	20
					2600	Vorsteuer	2
7.	2000	Rohstoffe	75	an	2001	Bezugsk./R.	75
8.	2002	Nachlässe/R.	120	an	2000	Rohstoffe	120
9.	5001	Erlösb./E.E.	30	an	4400	Verb.a.L.u.L	33
	4800	Umsatzsteuer	3				
10.	5000	Ums.erl./E.E	230	an	5001	Erlösb./E.E.	230
11.	3000	Eigenkapital	80	an	3001	Privatkonto	80
12.	5200	Best.veränd.	8	an	2100	Unfert.Erz.	8
13.	2200	Fertigerz.	5	an	5200	Best.veränd.	5
14.	4820	USt-Verr.ko.	118	an	2600	Vorsteuer	118
15.	4800	Umsatzsteuer	227	an	4820	USt-Verr.ko.	227
16.	4820	USt-Verr.ko.	109	an	4830	Verb.g.F.B.	109
		S U M M E	1088			S U M M E	1088

Kto-Nr.	A B S C H L U S S Ü B E R S . Bezeichnung (Beträge in TEUR)	Summenbilanz S	Summenbilanz H	Saldenbil. I S	Saldenbil. I H
0700	Technische Anlagen und Maschinen	2250	-	2250	......
0700	"............................	......	......	......	......
0800	Betriebs- u. Geschäftsausstatt.	1000	-	1000	......
2000	Rohstoffe	2000	1050	950	......
2001	Bezugskosten / Rohstoffe	75	-	75	......
2002	Nachlässe / Rohstoffe	-	100		100
2100	Unfertige Erzeugnisse	183	-	183	......
2200	Fertigerzeugnisse	350	-	350	......
2400	Forderungen aus Lief. u. L.	2965	2415	550	......
2600	Vorsteuer	130	10	120	......
2600	"............................	......	......	......	......
2800	Bank	1	-	1	......
2880	Kasse	1	-	1	......
2930	And. aktive Jahresabgrenz.posten	......	......	......	......
3000	Eigenkapital	-	1500	......	1500
3001	Privatkonto	75	-	75	......
3610	Wertberichtigungen zu Sachanl.	-	1000	......	1000
3610	"............................	......	......	......	......
3680	Pauschalwertbericht.z.Forder.	......	......	......	......
4400	Verbindlichkeiten aus Lief. u.L.	-	2450	......	2450
4800	Umsatzsteuer	20	250	......	230
4800	"............................	......	......	......	......
4820	Umsatzsteuer-Verrechnungskonto .	......	......	......	......
4820	"............................	......	......	......	......
4830	Sonst.Verbindl.g.Finanzbeh.	-	30	......	30
4840	Verb.g.Sozialversich.trägern	-	20	......	20
5000	Umsatzerlöse für eigene Erzeugn.	-	2600	......	2600
5001	Erlösbericht. / Eigene Erzeugn.	200	-	200	......
5200	Bestandsveränderungen	......	......	......	......
5420	Eigenverbrauch	-	25	......	25
6000	Aufwendungen für Rohstoffe	1050	-	1050	......
6200	Löhne	815	-	815	......
6400	Arbeitgeberanteile z.Sozialv....	160	-	160	......
6520	Abschreibungen auf Sachanlagen .	......	......	......	......
6520	"............................	......	......	......	......
6800	Büromaterial	40	-	40	......
6910	Kfz-Versicherungsbeiträge	20	-	20	......
6950	Abschreib.a.Forderungen	75	-	75	......
7090	Sonstige betriebl. Steuern	1	-	1	......
7510	Zinsaufwendungen	39	-	39	......
....	S U M M E I	11450	11450	7955	7955
....	UNTERNEHMUNGSERGEBNIS	......	......	......	......
....	S U M M E II	......	......	......	......

Umbuchungen Nr.	S	Nr.	H	Saldenbil. II S	H	Schlußbilanz A	P	G- u.V.Rechn. S	H	Kto. Nr.
....	......	....	......	2250	......	2250	......	......	......	0700
....	......	....	......	......		......	......	......	......	0700
....	......	....	......	1000	......	1000	......	......	......	0800
7.	75	8.	120	905	......	905	......	......	......	2000
....	......	7.	75	0	......	......	......	......	......	2001
8.	120	6.	20	......	0	......	......	......	......	2002
....	......	12.	8	175	......	175	......	......	......	2100
13.	5	....	......	355	......	355	......	......	......	2200
....	......	....	......	550	......	550	......	......	......	2400
....	......	6.	2	0	......	......	......	......	......	2600
....	......	14.	118	......	......	......	......	......	......	2600
....	......	....	......	1	......	1	......	......	......	2800
....	......	....	......	1	......	1	......	......	......	2880
4.	2	....	......	2	......	2	......	......	......	2930
11.	80	....	......	......	1420	......	1420	......	......	3000
5.	5	11.	80	0	......	......	......	......	......	3001
....	......	2.	22	......	1029	......	1029	......	......	3610
....	......	3.	7	......	......	......	......	......	......	3610
....	......	1.	25	......	25	......	25	......	......	3680
6.	22	9.	33	......	2461	......	2461	......	......	4400
9.	3	....	......	......	0	......	......	......	......	4800
15.	227	....	......	......	......	......	......	......	......	4800
14.	118	15.	227	......	0	......	......	......	......	4820
16.	109	....	......	......	......	......	......	......	......	4820
....	......	16.	109	......	139	......	139	......	......	4830
....	......	....	......	......	20	......	20	......	......	4840
10.	230	....	......	......	2370	......	......	......	2370	5000
9.	30	10.	230	0	......	......	......	......	......	5001
12.	8	13.	5	3	......	......	......	3	......	5200
....	......	5...	5	......	30	......	......	......	30	5420
....	......	....	......	1050	......	......	......	1050	......	6000
....	......	....	......	815	......	......	......	815	......	6200
....	......	....	......	160	......	......	......	160	......	6400
2.	22	....	......	29	......	......	......	29	......	6520
3.	7	....	......	......	......	......	......	......	......	6520
....	......	....	......	40	......	......	......	40	......	6800
....	......	....	......	20	......	......	......	20	......	6910
1.	25	....	......	100	......	......	......	100	......	6950
....	......	....	......	1	......	......	......	1	......	7090
....	......	4.	2	37	......	......	......	37	......	7510
....	1088	....	1088	7494	7494	5239	5094	2255	2400	S. I
....	......	....	......	......	......	......	145	145	......	U.E.
....	......	....	......	......	......	5239	5239	2400	2400	S.II

Raum für Entwürfe:

....

....

....

....

....

....

....

....

....

A U F G A B E 117
Markieren Sie im Wertefeld X1!
(Links beginnen)

- Zu 1. / P.W.B. zu Forderungen: Wieviel beträgt die Pauschalwertberichtigung zu Forderungen? (25 TEUR)

A U F G A B E 118
Markieren Sie im Wertefeld X2!
(Links beginnen)

- Zu 6. / Umsatzbonus bei Rohstoffen: Welcher Betrag wird auf dem Konto-Nr. 2002 verbucht? (20 TEUR)

A U F G A B E 119
Markieren Sie im Wertefeld X3!
(Links beginnen)

- Zu 16. / Umsatzsteuer-Verrechnungskonto: Wieviel beträgt der Saldo dieses Kontos? (109 TEUR)

A U F G A B E 120
Markieren Sie im Wertefeld X4!
(Links beginnen)

- Zu den Umbuchungen: Wieviel beträgt die Summe der Sollspalte bzw. Habenspalte? (1088 TEUR)

A U F G A B E 121
Markieren Sie im Wertefeld X5!
(Links beginnen)

- Zur Schlußbilanz / Summe I: Wieviel beträgt die Summe der Sollspalte (ohne Unternehmensergebnis? (5239 TEUR)

Raum für Entwürfe:

....

....

....

....

....

....

....

....

....

A U F G A B E 122
Markieren Sie im Wertefeld X6!
(Links beginnen)

- Zur Schlußbilanz / Summe I: Wieviel beträgt die Summe der Habenspalte (ohne Unternehmensergebnis)? (5094 TEUR)

A U F G A B E 123
Markieren Sie im Wertefeld X7!
(Links beginnen)

- Zur Gewinn- und Verlustrechnung / Summe I: Wieviel beträgt die Summe der Habenspalte (= Erträge)? (2400 TEUR)

A U F G A B E 124
Markieren Sie im Wertefeld X8!
(Links beginnen)

- Zum Unternehmensergebnis: Wieviel beträgt das Unternehmensergebnis? (145 TEUR)

13. ANHANG: ÜB.KONTENPLAN GEM. IKR

0
Immaterielle Vermögensgegenstände und Sachanlagen

Ausstehende Einlagen
0000 Austehende Einlagen (Kommanditeinlagen)
0010 Noch nicht eingeforderte Einlagen
0020 Eingeforderte Einlagen

Aufwendungen für die Ingangsetzung und Erweiterung des Geschäftsbetriebes
0100 Aufwendungen für die Ingangsetzung und Erweiterung des Geschäftsbetriebes
0110 Aufwendungen für die Währungsumstellung auf den Euro

Konzessionen, Gewerbliche Schutzrechte und ähnliche Rechte sowie Lizenzen an solchen Rechten und Werten
0200 Konzessionen, gewerbliche Schutzrechte usw.

Geschäfts- oder Firmenwert
0300 Geschäfts/Firmenwert

0400 frei

Grundstücke, Grundstücksgleiche Rechte und Bauten einschl. der Bauten auf fremden Grundstücken
0500 Unbebaute Grundstücke
0510 Bebaute Grundstücke
0530 Betriebsgebäude
0540 Verwaltungsgebäude
0550 Andere Bauten
0560 Grundstückseinrichtungen
0570 Gebäudeeinrichtungen
0590 Wohngebäude

0600 frei

Technische Anlagen und Maschinen
0700 Technische Anlagen und Maschinen

Andere Anlagen, Betriebs- und Geschäftsausstattung
0800 Andere Anlagen, Betriebs- und Geschäftsausstattung
0840 Fuhrpark
0890 Geringwertige Vermögensgegenstände der Betriebs- und Geschäftsausstattung

Geleistete Anzahlungen und Anlagen im Bau
0900 Geleistete Anzahlungen auf Sachanlagen
0950 Anlagen im Bau

1
Finanzanlagen

1000 frei

Anteile an Verbundenen Unternehmen
1100 Anteile an verbundenen Unternehmen

Ausleihungen an Verbundene Unternehmen
1200 Ausleihungen an verbundene Unternehmen

Beteiligungen
1300 Beteiligungen

Ausleihungen an Unternehmen mit denen ein Beteiligungsverhältnis besteht
1400 Ausleihungen an Unternehmen, mit denen ein Beteiligungsverhältnis besteht

Wertpapiere des Anlagevermögens
1500 Stammaktien
1510 Vorzugsaktien
1530 Investmentzertifkate
1560 Festverzinliche Wertpapiere
1590 Sonstige Wertpapiere

Sonstige Ausleihungen (Sonstige Finanzanlagen)
1600 Genossenschaftsanteile
1640 Ausleihungen an Mitarbeiter, an Organmitglieder und an Gesellschafter
1690 Übrige Sonstige Finanzanlagen

2
Umlaufvermögen und Aktive Rechnungsabgrenzung

V: 2000 - 2070, 2280 - 2300

Roh-, Hilfs- und Betriebsstoffe
2000 Rohstoffe / Fertigungsmaterial
2001 Bezugskosten/Rohstoffe
2002 Nachlässe/Rohstoffe
2010 Vorprodukte/Fremdbauteile
2020 Hilfsstoffe
2021 Bezugskosten/Hilfsstoffe
2022 Nachlässe/Hilfsstoffe
2030 Betriebsstoffe
2070 Sonstiges Material

Unfertige Erzeugnisse, Unfertige Leistungen
2100 Unfert. Erzeugnisse
2190 Unfert. Leistungen

Fertige Erzeugnisse und Waren
2200 Fertige Erzeugnisse
2280 Waren (Handelswaren)
2281 Bezugskosten / Handelswaren
2282 Nachlässe/Handelswaren

Geleistete Anzahlungen auf Vorräte
2300 Geleistete Anzahlungen auf Vorräte

Forderungen aus Lieferungen und Leistungen
2400 Forderungen aus Lieferungen und Leistungen
2450 Wechselforderungen aus Lieferungen und Leistungen (Besitzwechsel)
2470 Zweifelhafte Forderungen aus Lieferungen und Leistungen (Dubiose)
2480 Protestwechsel

2500 frei

Sonstige Vermögensgegenstände (Sonstige Forderungen)
2600 Anrechenbare Vorsteuer
2610 Aufzuteilende Vorsteuer
2620 Frei
2630 Sonst.Forderungen an Finanzbehörden
2640 Forderungen an Sozialversicherungsträger
2650 Forderungen an Mitarbeiter
2660 Andere Sonstige Forderungen
2670 Forderungen an Gesellschafter und Organmitglieder
2680 Eingefordertes, noch nicht eingezahltes Kapital und eingeforderte Nachschüsse
2690 Übrige Sonstige Vemögensgegenstände

Wertpapiere des Umlaufvermögens
2700 Anteile an verbundenen Unternehmen
2710 Eigene Anteile
2720 Aktien
2750 Finanzwechsel
2770 Festverzinsliche Wertpapiere

Flüssige Mittel

2800 Guthaben bei Kreditinstituten ("Bank")
2850 Postgiro
2860 Schecks
2870 Bundesbank
2880 Kasse
2890 Nebenkassen

Aktive Rechnungsabgrenzung und Bilanzfehlbetrag

2900 Aktive Rechnungsabgrenzung
2901 Disagio
2910 Zölle und Verbrauchssteuern
2920 Umsatzsteuer auf Anzahlungen
2930 Andere aktive Jahresabgrenzungsposten
2950 Aktive Steuerabgrenzung
2990 Nicht durch Eigenkapital gedeckter Fehlbetrag

3
Eigenkapital und Rückstellungen

Kapitalkonto bei Einzelunternehmer

3000 Eigenkapital
3001 Privatkonto

Kapitalkonten bei Personengesellschaften

3000 Kapital Vollhafter A
3001 Privatkonto A
3070 Kommanditkapital / Gesellschafter B
3071 Privatkonto B
3080 Kommanditkapital / Gesellschafter C
3081 Privatkonto C

Gezeichnetes Kapital

3000 Gezeichnetes Kapital (Grund- / Stammkapital)
3050 Noch nicht eingeforderte Einlagen

Kapitalrücklagen

3100 Kapitalrücklage
3110 Aufgeld aus der Ausgabe von Anteilen
3180 Eingeforderte Nachschüsse (GmbH)

Gewinnrücklagen

3200 Gesetzliche Rücklagen
3220 Rücklage für eigene Anteile
3230 Satzungsmäßige Rücklagen
3240 Andere Gewinnrücklagen
3250 Eigenkapitalanteil bestimmter Passivposten

Ergebnisverwendung

3310 Jahresergebnis des Vorjahres
3320 Ergebnisvortrag aus früheren Perioden
3330 Entnahme aus der Kapitalrücklage
3340 Veränderung der Gewinnrücklagen vor Bilanzergebnis
3350 Bilanzergebnis (Bilanzgewinn /-verlust)
3360 Ergebnisausschüttung
3370 Zusätzlicher Aufwand / Ertrag aufgrund Ergebnisverwendungsbeschluß
3380 Einstellungen in Gewinnrücklagen nach Bilanzergebnis
3390 Ergebnisvortrag auf neue Rechnung

Jahresüberschuß / Jahresfehlbetrag

3400 Jahresüberschuß / Jahresfehlbetrag

Sonderposten mit Rücklageanteil

3500 Sog. Steuerfreie Rücklagen
3520 Sonderposten aus der Währungsumstellung auf den Euro
3550 Wertberichtungen aufgrund steuerlicherSonderabschreibungen

Wertberichtigungen (Bei Kapitalgesellschaften als Passivposten nicht zulässig)

3610 Wertberichtigungen zu Sachanlagen
3650 Wertberichtigungen zu Finanzanlagen
3670 Einzelwertberichtigungen zu Forderungen
3680 Pauschalwertberichtigungen zu Forderungen

Rückstellungen für Pensionen und ähnliche Verpflichtungen

3700 Pensionsrückstellungen

Steuerrückstellungen

3800 Gewerbeertragsteuer
3810 Körperschaftsteuer
3820 Kapitalertragsteuer
3830 Ausländische Quellensteuer
3840 Andere Steuern vom Einkommen und Ertrag
3850 Latente Steuern
3890 Sonstige Steuerrückstellungen

Sonstige Rückstellungen

3910 Rückstellungen für Gewährleistungen
3920 Rückstellunen für andere ungewisse Verbindlichkeiten
3970 Rückstellungen für drohende Verluste aus schwebenden Geschäften
3990 Rückstellungen für Aufwendungen

4
Verbindlichkeiten und Passive Rechnungsabgrenzung

M: 4300

4000 Frei
4100 Frei

Verbindlichkeiten gegenüber Kreditinstituten

4220 Kurzfristige Bankverbindlichkeiten
4230 Mittelfristige Bankverbindlichkeiten
4250 Langfristige Bankverbindlichkeiten

Erhaltene Anzahlungen auf Bestellungen

4300 Erhaltene Anzahlungen auf Bestellungen

Verbindlichkeiten aus Lieferungen und Leistungen

4400 Verbindlichkeiten aus Lieferungen und Leistungen

Wechselverbindlichkeiten (Schuldwechsel)

4500 Schuldwechsel

4600 Frei
4700 Frei

Sonstige Verbindlichkeiten

4800 Umsatzsteuer
4810 Umsatzsteuer / nicht fällig
4820 Umsatzsteuer-Verrechnungskonto
4830 Sonstige Verbind lichkeiten gegenüber Finanzbehörden
4840 Verbindlichkeiten gegenüber Sozialversicherungsträgern
4850 Verbindlichkeiten gegenüber Mitarbeitern
4860 Verbindlichkeiten aus Vermögenswirksamen Leistungen
4870 Verbindlichkeiten gegenüber Gesellschaftern und Organmitgliedern
4890 Übrige sonstige Verbindlichkeiten

Passive Rechnungsabgrenzung

4900 Passive Rechnungsabgrenzungsposten

5
Erträge

M: 5000 - 5001, 5100 - 5101, 5400 - 5490, 5830

Umsatzerlöse für Eigene Erzeugnisse und Leistungen

5000 Umsatzerlöse für Eigene Erzeugnisse
5001 Erlösberichtigungen / Eigene Erzeugnisse und Leistungen
5055 Innergemeinschaftliche Lieferungen gem. § 4 Nr. 1b UStG

Umsatzerlöse für Waren und sonstige Umsatzerlöse

5100 Umsatzerlöse für Waren
5101 Erlösberichtigungen / Waren

Erhöhung oder Verminderung des Bestandes an Unfertigen und Fertigen Erzeugnissen

5200 Bestandsveränderungen

Andere Aktivierte Eigenleistungen

5300 Andere Aktivierte Eigenleistungen

Sonstige Betriebliche Erträge

5401 Nebenerlöse (z.B.aus Vermietung und Verpachtung)
5410 Sonst.Erlöse (z.B. aus Provisionen)
5420 "Eigenverbrauch" (Bestimmte Lieferungen und sonstige Leistungen mit fiktivem Entgelt)
5430 Andere Sonstige betriebliche Erträge (z.B.Schadensersatzleistungen)
5440 Erträge aus Werterhöhungen von Gegenständen des Anlagevermögens (Zuschreibungen)
5450 Erträge aus der Auflösung oder Herabsetzung von Wertberichtigungen auf Forderungen
5455 Erträge aus der Währungsumstellung auf den Euro
5460 Erträge aus dem Abgang von Vermögensgegenständen (Sachanlagen, Umlaufvermögen)
5470 Erträge aus der Auflösung von Sonderposten mit Rücklageanteil
5480 Erträge aus der Herabsetzung von Rückstellungen
5490 Periodenfremde Erträge (z.B. Rückerstattung von betrieblichen Steuern)

Erträge aus Beteiligungen

5500 Erträge aus Beteiligungen

Erträge aus Anderen Wertpapieren und Ausleihungen des Finanzanlagevermögens

5600 Erträge aus anderen Finanzanlagen

Sonstige Zinsen und ähnliche Erträge

5710 Zinserträge
5730 Diskonterträge
5780 Erträge aus Wertpapieren des Umlaufvermögens (Zinsen, Dividenden, Erträge aus dem Abgang oder aus Zuschreibungen)
5790 Sonstige zinsähnliche Erträge

Ausserordentliche Erträge (§ 277 Abs. 4 HGB)

5800 Außerordentliche Erträge

5900 Frei

6
Betriebliche Aufwendungen

V: 6000 - 6160, 6600 - 6890

Aufwendungen für Roh-, Hilfs- und Betriebsstoffe und bezogene Waren

6000 Aufwendungen für Rohstoffe / Fertigungsmaterial
6010 Aufwendungen für Vorprodukte / Fremdbauteile
6020 Aufwendungen für Hilfsstoffe
6030 Aufwendungen für Betriebsstoffe /Verbrauchswerkzeuge
6040 Aufwendungen für Verpackungsmaterial
6050 Aufwendungen für Energie
6060 Aufwendungen für Reparaturmaterial
6070 Aufwendungen für Sonstiges Material
6080 Aufwendungen für bezogene Waren
6090 Sonderabschreibungen auf Roh-,Hilfs- und Betriebsstoffe und für bezogene Waren
6098 Innergemeinschaftlicher Erwerb

Aufwendungen für bezogene Leistungen (z.B. Fremdlager)

6100 Aufwendungen für bezogene Leistungen
6140 Ausgangsfrachten und Fremdlager
6150 Aufwendungen für Provisionen
6160 Fremdinstandhaltung

Löhne

6200 Löhne für geleistete Arbeitszeit
6250 Sachbezüge

Gehälter

6300 Gehälter einschließlich tariflich, vertraglich oder arbeitsbedingter Zulagen
6310 Urlaubs- und Weihnachtsgelder
6320 Sonstige tarifliche oder vertragliche Aufwendungen
6330 Freiwillige Zuwendungen
6350 Sachbezüge
6360 Vergütungen an kaufmännische Auszubildende

Soziale Abgaben und Aufwendungen für Altersversorgung und Unterstützung

6400 Arbeitgeberanteile zur Sozialversicherung
6430 Sonstige soziale Abgaben
6440 Aufwend. für Altersversorgung

Abschreibungen

6500 Abschreibungen .auf aktivierte Aufwendungen für die Ingangsetzung / Erweiterung des Geschäftsbetriebes
6510 Abschreibungen auf immaterielle Vermögensgegenstände des Anlagevermögens
6520 Abschreibungen auf Sachanlagen
6540 Abschreibungen auf Geringwertige Wirtschaftsgüter
6550 Außerplanmäßige Abschreibungen auf Sachanlagen
6560 Steuerrechtliche Sonderabschreibungen auf Sachanlagen
6570 Unübliche Abschreibungen auf Umlaufvermögen

Sonstige Personalaufwendungen (z.B. Personaleinstellung

6600 Sonstige Personalaufwendungen

Aufwendungen für die Inanspruchnahme von Rechten und Diensten

6700 Mieten, Pachten, Erbbauzinsen
6710 Leasing
6720 Lizenzen und Konzessionen
6730 Gebühren
6750 Kosten d.Geldverkehrs
6760 Provisionsaufwendungen (ausser Vertriebsprovisionen)
6770 Rechts- u.Beratungskosten
6780 Aufwend.für den Aufsichtsrat

Aufwendungen für Kommunikation (Dokumentation, Informatik, Reisen, Werbung)

6800 Büromaterial
6810 Zeitungen und Fachliteratur
6820 Post
6850 Reisekosten
6860 Gästebewirtung und Repräsentation
6870 Werbung
6880 Spenden
6890 Sonstiger Aufwand für Kommunikation

Aufwendungen für Beiträge und Sonstiges sowie Wertkorrekturen und periodenfremde Aufwendungen

6900 Versicherungsbeiträge (Diverse)
6910 Kfz-Versicherungs-Beiträge
6920 Beiträge zu Wirtschaftsverbänden und Berufsvertretungen
6930 Verluste aus Schadensfällen
6950 Abschreibungen auf Forderungen
6951 Abschreibungen auf Forderungen wegen Uneinbringlichkeit
6952 Einzelwertberichtigungen auf Forderungen
6953 Pauschalwertberichtigungen auf Forderungen
6956 Aufwendungen aus der Währungsumstellung auf den Euro
6960 Verluste aus dem Abgang von Vermögensgegenständen
6961 Verluste aus dem Abgang von Immateriellem Anlagevermögen
6962 Verluste aus dem Abgang von Sachanlagevermögen
6963 Verluste aus dem Abgang von Umlaufvermögen(außer Vorräten u.Wertpapieren)
6970 Einstellungen in den Sonderposten mitRücklagenanteil
6978 Ansparabschreibung
6980 Zuführungen zu Rückstellungen (z.B.Gewährleistungen)
6990 Periodenfremde Aufwendungen (soweit nicht bei den einzelnen Aufwandsarten zu erfassen

7
Weitere Aufwendungen (insbes. Finanzbereich)

Betriebliche Steuern

7010 Vermögensteuer
7020 Grundsteuer
7030 Kraftfahrzeugsteuer
7040 Frei
7070 Ausfuhrzölle
7080 Verbrauchsteuern
7090 Sonstige betriebliche Steuern

7100 Frei
7200 Frei
7300 Frei

Abschreibungen auf Finanzanlagen und auf Wertpapiere des Umlaufvermögens und Verluste aus entsprechenden Abgängen

7400 Abschreibungen auf Finanzanlagen
7420 Abschreibungen .auf Wertpapiere des Umlaufvermögens.
7450 Verluste aus dem Abgang von Finanzanlagen
7460 Verluste aus dem Abgang von Wertpapieren des Umlaufvermögens
7490 Aufwendungen aus Verlustübernahme

Zinsen und ähnliche Aufwendungen

7510 Zinsaufwendungen
7530 Diskontaufwand
7540 Abschreibungen auf Disagio
7590 Sonstige Zinsen und ähnliche Aufwendungen

Ausserordentliche Aufwendungen

7600 Ausserordentliche Aufwendungen

Steuern vom Einkommen und vomErtrag

7700 Gewerbeertragsteuer
7710 Körperschaftsteuer
7720 Kapitalertragsteuer
7730 Ausländ. Quellensteuer
7750 Latente Steuern
7790 Sonstige Steuern vom Einkommen und Ertrag

Sonstige Steuern

7800 Sonstige Steuern

Aufwendungen aus Gewinnabführungsvertrag

7900 Aufwendungen aus Gewinnabführungsvertrag

8
Ergebnisrechnungen

Eröffnung / Abschluss

8000 Eröffnungsbilanzkonto
8010 Schlußbilanzkonto
8020 G+V-Konto (Gesamtkostenverfahren)
8030 G+V-Konto (Umsatzkostenverfahren)
8040 Gewinn- und Verlustverteilung

(Konten d.Kostenbereiche für die G+V im Umsatzkostenverfahren:)

Herstellkosten

8100 Herstellkosten

Vertriebskosten

8200 Vertriebskosten

Allgemeine Verwaltungskosten

8300 Allgemeine Verwaltungskosten

Sonstige Betriebliche Aufwendungen

8400 Sonstige betriebliche Aufwendungen

(Konten der kurzfristigen Erfolgsrechng (KER) und für innerjährige Rechnungsperioden (Monat, Quartal, Halbjahr:)

Korrekturkonten zu den Erträgen der Kontenklasse 5

8500 Korrekturkonten zu den Erträgen der Kontenklasse 5

Korrekturkonten zu den Aufwendungen der Klasse 6

8600 Korrekturkonten zu den Aufwendungen der Kontenklasse 6

Korrekturkonten zu den Aufwendungen der Klasse 7

8700 Korrekturkonten zu den Aufwendungen der Kontenklasse 7

Kurzfristige Erfolgsrechnung

8800 Gesamtkostenverfahren
8810 Umsatzkostenverfahren

Innerjährige Rechnungs abgrenzung

8900 Aktive Rech.abgrenz.
8930 Passive Rechnungsabgrenzung

www.ingramcontent.com/pod-product-compliance
Lightning Source LLC
LaVergne TN
LVHW060622300926
849162LV00008B/1686